[英] 约翰·斯托里（John Storey） 著

王雅杰 译

消费是什么

消费主义的社会学研究

Consumption

中国科学技术出版社

·北 京·

北京市版权局著作权合同登记 图字：01-2024-1736

图书在版编目（CIP）数据

消费是什么：关于消费主义的社会学研究 / （英）
约翰·斯托里（John Storey）著；王雅杰译 . -- 北京：
中国科学技术出版社，2025. 1. -- ISBN 978-7-5236
-1146-3

Ⅰ . C913.3

中国国家版本馆 CIP 数据核字第 2024E47D51 号

策划编辑	陆存月　李芷珺		责任编辑	胡天焰	
封面设计	周伟伟		版式设计	蚂蚁设计	
责任校对	吕传新		责任印制	李晓霖	

出　版	中国科学技术出版社
发　行	中国科学技术出版社有限公司
地　址	北京市海淀区中关村南大街 16 号
邮　编	100081
发行电话	010-62173865
传　真	010-62173081
网　址	http://www.cspbooks.com.cn

开　本	880mm×1230mm　1/32
字　数	152 千字
印　张	8
版　次	2025 年 1 月第 1 版
印　次	2025 年 1 月第 1 次印刷
印　刷	大厂回族自治县彩虹印刷有限公司
书　号	ISBN 978-7-5236-1146-3 / C·273
定　价	59.00 元

（凡购买本社图书，如有缺页、倒页、脱页者，本社销售中心负责调换）

献给

查理（Charlie）、珍妮（Jenny）、莉莉（Lily）

和托马斯（Thomas）

目　录

第七章
文化研究后的社会学

后记
反消费

参考文献

第一章

作为重要的社会学概念的消费

在开头这一章中，我解释了为什么消费是重要的社会学概念，原因有两个：消费是我们每个人都会做的事，并且消费展露了人的能动性。随后，我区分了作为人类历史一部分的一般消费和始终处于历史流变的特定消费形式。正如我们所体验到的那样，消费是我们所谓的资本主义式消费主义的基本组成部分。接下来，本章讨论了作为过程的消费。我并没有将它理解成单一的事件、购买的那一刻，而是认为它由一系列时刻组成。消费过程至少包含四个方面：我们消费的"原因"、消费的"物品"、消费的"方式"以及消费物品产生的"影响"。最后，本章探讨了不同的理论方法如何构建自身对消费这一研究对象的理解。因此，对于消费的界定将因章节而异。

消费的平凡性

消费是我们每个人都会做的事。它不只是购物的另一种说法。当我们吃东西、看书或看电视、参观美术馆或在酒吧消磨夜晚时，我们都是在消费。不存在部分人可以置身事外的"消费世界"。我们都是消费者，这也是消费是重要的社会学概念的第一个原因：它有助于分析我们彼此之间以及我们与周围世界的互动（见第三章和第五章）。[1]

消费是社会学分析中的重要概念的另一个原因是：它与"能动性"概念相关联——消费是人们的行为，而不是向他们施加的行为或因他们的行为而敞开的可能性。在重点关注消费之前，人们认为消费品的意义和用途取决于它们的生产方式，或是其自身简单无声的物质特性（见第三章）。全新的消费概念挑战了这种思维方式：消费品不是无声的、可预见的生产终点，而被重新认定为一种活动、一个过程，消费是我们所做出的涉及使用和意义的行为。这就是我们大多数人介入文化的方式（见第二章、第四章和第七章）。

因此，与非常有影响力的《商品帝国》（Trentmann，2017）不同，本书不会将消费供给视为消费本身。在弗兰克·特伦特曼（Frank Trentmann）的叙述中，消费和消费供给是可以互换的。它的含义与消费只有一线之隔。该书将消费解释为资本主义发展中的一个基本特征，但很少探讨实际的消费实践或试图认识这种实践的理论传统。我们可能会获知，在特定的社会背景下，阅读量增加或减少了，但并不会知道人们读了什么、阅读的原因和方式，以及阅读可能产生的影响。特伦特曼讨论水、天然气和电力的供给，就好像这等同于对公用事业的消费。在电影业的发展上，他也做出了类似的论述。但供给和消费是不一样的。人们消费的方式不同于消费的对象。电影的用途和意义不能通过罗列可供观看的电影来确定。这种论述更偏向于事物的可获得性，而不是它们的用途和意义。尽管消费是社会学分析中的重要概念，但真正有关消费的论述却很少。社会学和其他领域中消费研究的兴起正是为了挑战这种研究方法。从这个意义上说，特伦特曼的书是对结构的论述，阐释了作为资本主义供给的消费，但很少探讨实际消费行为的能动性。尽管该书在很大程度上借鉴了社会学研究和文化研究的成果，但矛盾的是，该书本应在这些学科主张对能动性进行研究之前写成，而不必陷入对结构和能动性无休止的争论中。

消费与资本主义式消费主义

虽然对物质的渴望确实不是资本主义发明的，但在资本主义成为主导生产方式的 500 年里，人们对物质的欲望无疑大大增加了。我们不应对此感到惊讶，因为对于以不断增加产量为基础的体系来说，要实现自身的再生产，消费是必要的。积累或追求利润是资本主义的当务之急；它绝对需要剥削劳动力并掠夺自然。简单来说，资本主义不能依赖于满足需求，它必须创造需求。如果不增加消费，它将无法实现自身的再生产。因此，它费尽心血地将我们重新定义为生活在消费社会中的消费者。

尽管绝不能将消费与消费主义混为一谈，但重要的是要承认，正如本书所论述的那样，消费发生在特定的历史背景下，即资本主义式消费社会。卡尔·马克思区分了"一般生产"和特定历史下的生产模式。正如他所阐述的，一般生产"是所有社会条件下的共同现象，即无关历史特征，无关人类"（1973：320）。但人类对生产的需求在历史上总是处于特定的生产模式中，即人类一直在生产，但他们的生产方式总是历史性的。换句话说，奴隶的生产方式和资本主义生产方式是有区别的。如果我们从消费的角度来看，我们会得出类似的结论：存在"一般消费"，也有特定的消费模式。人类一直在消费，但在不同的历史时期，我们的消费方式不同。正如马克思所指出的，

> 饥饿总是饥饿，但用刀叉吃熟肉所满足的饥饿与用手、指甲和牙齿啃生肉所满足的饥饿是不同的。因此，生产不仅创造消费的对象，还创造消费

的方式，这不仅是在客观层面上，也是在主观层面上。所以，生产创造消费者。

（1973：92）

在资本主义作为生产方式的历史发展过程中，当代对消费的态度、我们的消费实践和消费欲望也发展起来了（见第四章）。简单来说，消费主义是资本主义版的消费；它是特定历史下的消费方式，是这种历史下的生产方式所特有的。因此，消费主义不仅是消费，它还逐渐成为一种生活方式，创造出一种观念——安东尼奥·葛兰西（Antonio Gramsci）称之为"常识"（1971）——即我们消费的商品定义和表达了我们的身份。消费主义是一种致力于将人首先界定为消费者的实践。此外，它作为一种生活方式依赖于更同质化的事物，也就是程度更深的资本主义。

让资本主义下的消费与众不同的一点是，我们消费的绝大多数东西都是作为商品生产出来，用以售卖获利的。消费主义依赖于充满物品的世界。正如马克思在《资本论》第一卷起始句中所解释的那样，"当资本主义生产方式占主导地位时，社会财富主要表现为巨量的商品堆积"（1976a：127）。商品有三个特征："交换价值""使用价值"和"价值"。"交换价值"是指商品在市场上可以获得的价格。要有"交换价值"，它必须具有"使用价值"（即对某人有用）。但支撑这两种价值的是马克思所说的"价值"，它是通过"在其中被具体化或物质化的……人的劳动"来衡量的（1976a：129）。此外，正如他所解释的那样，"商品乍一看是极为明确、微小的事物。但对它的分析表明，它是很奇怪的事物，充满了形而上学的精妙性和神学的严密性"（1976a：163）。商品的奇怪之处并不在于它的可交换性或使用价值，而在于它隐藏了人类劳动。在资本主义经济中，商品似乎只存在于与其他商品的关系中。然而，这看似是物与物之间的关系，其实是人与人之间的关系。马克思对商品交换的看法如下。

> 这不过是人与人之间明确的社会关系，但对人们来说，这却呈现为物与物之间的奇妙关系。因此，为了找到一个类比，我们必须遁入迷雾般的宗教世界。在那里，人类大脑的产物却像是原本就有生命的人物一样，它们不仅相互关联，而且还与人类建立了关系。在商品世界里，由人手制作的物品也是如此。我称之为拜物教（fetishism），一旦劳动产品作为商品被生产出来，它就附着在劳动产品上，因此与商品生产密不可分。
>
> （1976a：165）

根据马克思的观点，"商品世界的拜物教源于商品生产所需劳动的独特社会性质"（1976a）。在以往的生产方式中，劳动的社会关系是清晰直观的；只有在资本主义制度下，它们才隐藏在商品交换的背后。如果我制造了东西，然后用它交换另一个人制造的东西，那么劳动的社会关系显而易见。如果我是奴隶，制造了你使用的东西，那么劳动的社会关系也是很清楚的。但是，如果我为资本家制造东西来换取工资，而我及他人制造的东西会出现在市场上，我则要用金钱购买它。倘若我有足够的资金，我就可以购买我制造的商品。倘若我负担得起，我也可以购买其他工人制造的商品。人们劳动的产物成了以交换价值的形式流通的商品，然后转换为可兑换使用价值的金钱。劳动赋予商品的价值现在隐藏在交换价值和使用价值之下。

除此之外，商品拜物教还向我隐藏了我购买的商品所需的劳动条件。如果我去超市买橙子，我可能知道橙子来自哪个国家，但我不太可能知道生产它们的社会条件。因此，我与他人劳动的关系隐藏在物与物之间的关系中——我的钱和待售的水果。如此，当我们购物时，周围都是看似由市场供应的商品，可供我们用金钱来消费。但在这一切的背后，被商品拜物教隐藏起来的是人类的劳动条件。它通常也会隐藏大规模的剥削。在第三世界中制造的成本很低的东西，其在第一世界的售价往往很高。例如，为宣传迪士尼电影《风中奇缘》而制作的 T 恤衫在美国每件售价为 10.97 美元。制作 T 恤衫的工人每天工作 8 小时的收入为 2.22 美元，但他们却能制造出 50 件总价值为 548.50 美元的 T 恤衫（Kernaghan，1997：101）。尽管这很离谱，但这只是资本主义的常规做法中，一种有利可图的加价方式。正如大卫·哈维（David Harvey）所注意到的，"如果我们假装口袋里恰好出现的金钱施展了魔力，让商品经由市场魔法般地降临，就是完全屈服于商品拜物教"（2010：61）。

换言之，出现商品拜物教的原因在于商品交换的背后隐藏了人类劳动的社会关系。但最终定义商品、商品之间的共同点的并不是使用价值或交换价值（这些价值是各不相同的），而是它们都包含着的马克思所说的人类劳动"幻影般的客观性"（1976a：128）。这种虚幻的存在隐藏在交换价值的话语背后。每当我们在购物中心漫步时，我们都会遇到说着交换价值话语的商品，但在宣告价格和可能性的背后，隐匿着人类劳动的幻影。假如我们查看的每件衣服都能告诉我们生产它所需的人类劳动，那将是非常不同的购物体验。想象一下，在逛街买新衣服时，我们看到的不是漂亮模特穿着漂亮衣服的照片，而是孩子们在恶劣的条件下工作以获取不足温饱的工资的大幅照片，同时附上一个问题：你现在明白它为什么这么物有所值了吗？

作为过程的消费

本书主要讨论了作为社会学概念的消费。它对消费研究的一系列"理论方法"进行了批判性评估。如此一来，希望本书能够提供清晰而广泛的有关消费概念的解读，以及对现有理论可能性的充分解析，以飨将消费作为研究对象的本科生和研究生。每章都会从不同的理论角度来考察消费概念，某些时候理论清晰明了，而在其他时候，它是指特定方法论的框架话语。

然而，有些理论根本不像是理论。它们似乎只是对世界现状的简单描述。主流经济学对消费的断言则是伪装成事实描述的理论。理性经济人（Homo economicus）是处于许多经济学理论中心的研究对象的名称。他（很少被认为是她）是基于理性和自身利益做出消费选择的消费者。[2]据推测，正是这些选择决定了生产。按照这种思维方式，生产者只需回应消费者的需求。因此，例如，如果人类消费行为和环境之间存在问题，那么问题就出在个人选择上。指责生产者完全没道理，解决方案是改变消费者的需求。这种方法假设了人们是自私的、受自身利益驱使的，或者至少极大地促成了这种假设。按照这种思维方式，无论某种行为看起来多么无私，我们终究会发现其根源是贪婪。[3]在很多方面，它是资本主义经济学的导向性神话，据称可以解释人类的各种行为。它与资本主义的再生产需求惊人地匹配，它将消费简化为购买的那一刻；其他一切都被认为是毫不相关的。但是，正如我们将看到的那样，任何关于消费的严肃的社会学研究都必须将这一时刻视为包含购买行为前后过程的时刻之一。

尽管消费是资本主义经济结构的基础，但这并不意味着消费可以被简化为孤立的经济事件。至少有两个理由可以否决这个想法。第一个原因是，许多类型的消费通常都不涉及经济交换——借阅图书馆的书、欣赏风景、喝公共喷泉中的水、接受礼物。还有第二个原因，其对于从社会学角度思考这本书的主题来说更有价值，那就是消费不是孤立的事件——购买的那一刻——而是某个过程中的一系列时刻。消费过程至少包含四个方面：我们消费的"原因"、消费的"物品"、消费的"方式"以及消费物品产生的"影响"（见图 1.1）。这些都是可变过程中相互独立的时刻。斟酌买哪本书不同于买到一本书。买到一本书不同于阅读一本书。阅读一本书不同于写作或与朋友讨论一本书。

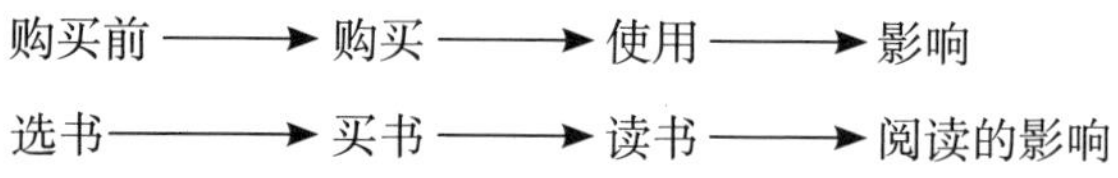

购买前 ——→ 购买 ——→ 使用 ——→ 影响

选书 ——→ 买书 ——→ 读书 ——→ 阅读的影响

图 1.1　作为过程的消费

经济学始于购买，终于购买。但如果我们将消费视为一个过程，我们就必须考虑其他时刻。例如，当我探索书店中的书时，就是选择和分辨的时刻，也就是积极接触我想购买的书的时刻。在这之后，可能会有购买的时刻，也可能不会有。如果我买了一本书，带回家阅读，阅读这一行为就是第三个时刻。第四个时刻就是在写作中运用读过的书，或者与自己、家人、朋友或同事谈论读过的书。正是在购买和使用之后，人们才可能会对曾经为盈利而生产的商品产生有意义的回忆。在该过程中，各个时刻并不总是以相同的强度出现。例如，使用的时刻在不同的消费过程中会有所不同。它在消费过程中不会要求人们一定要消费完相应的商品。我买比萨时就可能会出现消费不完的情况，但当我欣赏风景或观看《使女的故事》《继承之战》或《守望尘世》其中一集时肯定不会出现这种情况。

作为话语的消费

即使我们认为消费是纯粹的经济活动，它只存在于购买的那一刻，由交换价值定义——实际上购买到某物之后，我们并不会停止对它的消费。如果你从慈善商店买了一幅画的印刷品，你可能会欣赏它几百遍；每次欣赏都是消费的时刻，你并不会从纯粹的经济视角看待它。购买之外的这些时刻正是消费转变为文化的时刻，因为消费与社会用途和意义的形成纠缠到了一起。因此，它可以用来实现广泛的社会目标和个人目标。我们消费的东西和方式可以用来表明我们是什么样的人或者我们想成为什么样的人；可以用来生产和维持特定的生活方式；可以在痛失亲友之际代偿悲伤，或是为庆祝成功或纪念成就提供象征性手段；可以用来满足我们的需求和欲望；可以为我们的梦想提供素材；可以标记和维持社会差异和社会区隔；还可以是我们被压迫和剥削的标志。

在这些方面，消费成了截然不同的研究对象。本特·哈克尔（Bente Halkier）恰当地指出，"关于消费和消费者的国际社会科学研究是牵涉面广且跨学科的研究领域，几乎不可能对该领域内所有不同的方法设计和方法应用进行概述，其跨度从高度定量的消费者行为分析，一直延伸到深度定性的对消费过程进行的民族志研究"（2019：36）。然而，尽管本书的目的是以通俗易懂、连贯一致的方式，对这个错综复杂且不断扩展的领域进行批判性概述，但并没有采用跨学科的方法，这种方法始终从一系列批判性的角度来处理消费问题。消费并非可以用不同方式进行审视的同一个研究对象，而是在不同角度的批判性审视下，作为研究对象的消费本身发生了变化。消费不是可以从不同角度进行研究的同一个对象，它是根据所处话语体系建构起来的：问题和答案总是不同的。每个理论框架都将支持和约束形形色色的分析，带来一系列不同的假设，催生独特的问题和解决方案。

要理解消费，我们必须明白它不是单一的事物。根据被表述的话语，消费会呈现为不同的事物。话语是法国理论家米歇尔·福柯（Michel Foucault）提出的概念。根据福柯的观点，话语有三种作用：赋能、限制和构造。正如他所解释的那样，话语是"系统地组织我们言语对象的实践"（1989：49）。例如，语言是一种话语：它使我能够说话，限制了我所能说的话，将我构造成说话的主体（即，它定位并孕育了我的主体性：我在语言中认识自己；我在语言中思考；我在语言中与自己交谈）。学术学科也是话语；与语言一样，它们赋能、限制和构造。

每门学科的理论框架都以特定的方式谈论着研究对象，如此一来，它赋能并限制了人们对研究对象的讨论。但他们并不只是谈论研究对象；通过将其构造成特定的研究对象，他们将其构造成了具体的现实（即对象的"真实意义"）。

在《性史》中，福柯通过探索19世纪的一系列话语领域，追踪了关于性的话语：医学、人口学、精神病学、教育学、社会工作、犯罪学、政府，以及我们现在所说的社会学。这一时期并没有对性的问题缄口不言（考虑到维多利亚时代谈性色变的刻板印象，我们可能会这么期望），相反，福柯发现该时期"在政治、经济和技术上煽动人们谈论性"（1981：22-23）。他认为，这些关于性的不同话语不只是与性有关，还构造了作为知识对象的性。这不是说在19世纪的欧洲，非话语形式的性并不存在，而是要认识到我们对性的"知识"及其构造的关于性的"权力-知识"关系是话语性的。换句话说，我们对性的理解——我们视为正常的理解——组织了我们对性行为的反应（见Storey，2021a）。

根据厄尼斯特·拉克劳（Ernesto Laclau）和尚塔尔·墨菲（Chantal Mouffe）的观点，话语存在于语言和非语言的整体之中。他们使用"话语"一词"来强调每一种社会形态都有意义。假设我在街上踢球形物体，或者我在足球比赛中踢球，尽管两者有相同的物理事实，却有不同的意义。只有在这个物体与其他物体建立起一种关系体系时，它才是足球。但这些关系并不是由物体的纯粹物质特性决定的，而是由社会建构的。这种关系的系统性集合就是我们所说的话语"（2019：126）。此外，

> 物体的话语特征无论如何都不意味着要质疑它的存在。只要被整合到社会建构的规则体系中，它就是足球，但这并不意味着它不再是实际的物

体……出于同样的原因，是话语构造了社会能动主体（social agent）的主体地位，因而话语——同样的规则体系使球形物体成为足球，使我成为球员——的起源并不是社会能动主体。

（2019：126-127）

换句话说，物体独立于话语表达而存在，但只有在话语中，物体才能作为有意义的物体存在。例如，地震存在于现实世界中，但它是

被建构成"自然现象"还是"上帝之怒的表达"，取决于话语场的结构。这并没有否认这些物体存在于思想之外，而是否认了一种截然不同的主张，即它们可以在所有现存话语背景之外将自己构造成物体。

（Laclau and Mouffe，2001：108）

正如葛兰西所指出的那样，"东方和西方……从未停止成为'客观真实'，虽然在分析时，它们只不过是一种'历史的'或'因袭的建构物'"（2007：175）。

很明显，东方和西方是随意的、因袭的（历史）建构物，因为地球上的每个地方都既是东方，也是西方。也许不仅欧洲人认为日本地处远东，来自加利福尼亚州的美国人，甚至日本人自己也认为日本地处远东。根据英国的政治文化，日本人可能会把埃及称为近东……然而，这些指称是真实的，它们符合事实，它们能够引导人们经由陆路和海路，到达预定的目的地。

（2007：176）

也就是说，东方和西方都是历史建构物，这与西方的帝国势力有直接关系。然而，它们是被现实化并嵌入社会实践的意义化形式之中的：它们可能是文化结构，但它们确实指明了真实的地理位置，并引导了真实的人类活动。

消费这类概念没有被铭刻上意义，意义一直是表达行为所产生的结果。正如拉克劳和墨菲所解释的，"表达的实践在于……对意义的不完全 [持续不断的]①固定"（2001：113）。正如斯图尔特·霍尔（Stuart Hall）所指出的那样，"意义是一种社会生产，一种实践。必须让世界变得有意义"

---

① 全篇引文方括号中的内容为作者添加。——编者注

（2019：121）。俄罗斯理论家瓦伦丁·沃洛西诺夫（Valentin Volosinov）认为，包含消费这种概念的文本和实践是"多音调的"（multi-accentual）：也就是说，在不同的话语和不同的社会背景下，不同的人出于不同的目的，可以用不同的"音调"来"说话"。也就是说，这种概念可以在不同的语境中表示不同的东西。该语言符号始终是"不同取向的社会利益"的潜在场所（1973：23）。个体话语倾向于"使符号具有单一音调"，使潜在的多音调符号看起来只能是单一音调符号。换言之，包括消费在内的事物并不具有自己的意义；当事物在不同的语境中被表达、含混表达和重新表达时，它们为意义——可变意义——的表达提供了材料。因此，在剩下的章节中提到消费时，它看起来可能会像是完全不同的研究对象，因为它是为了特定的理论方法而表达的。虽然这并不意味着它不能独立于这些话语表达而存在，但只有在这些话语中，它才作为特定的研究对象而存在。例如，它是被建构为购买那一刻、社会实践、身份建构的一部分，还是被建构为对文化资本的展示或媒体化的例子，将取决于话语场的结构。重申一遍，这并不意味着在这些话语之外，消费就不再存在了。相反，这说明了消费作为研究对象的存在取决于这些现存的话语背景。因此，对于消费的界定将因章节而异，因为不同的理论方法在话语中构建了自身对消费这一研究对象的理解。

注释

1 从历史上看，消费（consumption）有两个一般含义。两者都源于消费（consume）一词，该词于 14 世纪从法语进入英语。消费最初的含义是"毁灭、用完、浪费、耗尽"（Williams 1983：78）。正是由于这种使用方式，肺结核被称为"consumption"。从 18 世纪中叶开始，消费者出现在政治经济活动中。也正是在这个时期，生产者和消费者、生产和消费成为同一话语中的重要术语。从 20 世纪 50年代开始，顾客被消费者取代"以描述买家或购买者"（Williams 1983：79）。"消费社会"一词中包含消费的一些原始含义，尤其是浪费和耗尽。

2 但是，正如伊恩·哈德森（Ian Hudson）和马克·哈德森（Mark Hudson）所指出的那样，"理性经济人像雪人一样难以找到"（2021：29）。这是因为它是经济学的建构物，是虚构的神话，旨在捍卫资本主义下的消费和生产关系，尤其是在消费者主权和不断增加的市场选择方面。这是经济增长论点的基本部分，在该论点中，更多的选择意味着更大的幸福。

3 正如《卫报》在 2021 年 3 月所报道的那样，英国首相鲍里斯·约翰逊（Boris Johnson）在国家医疗服务体系（National Health Service）成功推出新冠病毒疫苗时对保守党议员说："我们成功研发出疫苗是因为资本主义，是因为贪婪，我的朋友们。"

第二章

什么驱动了消费

在本章中，针对"什么驱动了消费"这一问题，我们考察了四个答案：卡尔·马克思的异化（alienation）理论、历史学家尼尔·麦肯德里克（Neil McKendrick）关于社会模仿（social emulation）在大众消费历史发展中所发挥的作用的主张、社会学家科林·坎贝尔（Colin Campbell）的浪漫主义伦理理论以及消费与身份之间的关系，该答案主要借鉴了文化理论家朱迪斯·巴特勒（Judith Butler）的研究。

马克思、异化和消费

根据马克思的观点，异化有助于促进消费。[1]当我们在劳动中无法充分发挥人类的全部能力时，就会发生异化。由于无法做到这一点，我们因此转向消费，寻求创造性的满足和控制。要充分理解该观点，就必须理解马克思的人性观。马克思区分了"一般的人性"和"每个历史时期都稍有变化的人性"（1976a：759）。一般来说，人性中包括某些需求和能力。这可以被区分为"自然的"和属于人类"物种"的（使我们成为人类的）需求和能力。我们与其他动物共享"自然的"需求和能力（食物、住所、繁殖等），而人类"物种"的需求和能力是我们人类独有的，在具体表现形式上具有历史和社会差异。换句话说，与许多保守观点相反，人性不是固定不变的；它不是设定好的东西，而是始终处于构造之中。由于地理环境的变化，当代世界人类所具有的意义，与 5000 年前或 10000 年前大不相同。未来，这种意义还会发生改变。我们可能只是需求和能力的生理集合体（biological bundle），但这些需求和能力随着我们对周围世界的改造而变化。正如马克思所说，"一切历史都不过是人性的不断转变"（Marx；引用于 Ollman，1976：79）。就像我们生活的世界一样，我们的人性是社会产物。

人类物种有两种表现自身的方式：主观上表现为我们对所属物种的意识（我们思考人何以为人），以及客观表现形式，如制度和艺术作品。它表现为我们能够带着对过去的认识和对未来的期望，感知自己和他人在当前世界中的行为。此外，作为人类，我们不只是埋头生产，还有意识地思考、反思和调整我们生产的方式和内容。据说人类是唯一会这样做的动物。

可通过生命活动立即辨认出动物。它与自身的生命活动没有分隔开，它等同于它的生命活动。而人将自己的生命活动当作意志和意识的对象……有意识的生命活动直接将人与动物的生命活动区分开。

（Marx，2011：54）

换言之，我们可以反思我们当下的行动，既可以在行动当下反思，也可以在行动之后反思。然而，马克思认为，动物只会行动——它们的生产是为了满足即时的身体需求。我们是有目的的，而动物没有。根据马克思的观点，

蜘蛛的工作与织布工类似，蜜蜂建造蜂房的本事会让许多建筑师惭愧。但最灵巧的蜜蜂也比不上最差劲的建筑师的地方在于，建筑师在实际建造之前，就已经在头脑中设想出建筑物的形态。当所有劳动进程结束时，我们所得到的结果早在动手之初就存在于劳动者的头脑中了。他不仅改变了所加工的物质材料的形态，而且达到了自己的目的。正是这个目的为他的工作方法设定了规则，让他必须服从自己的意志。

（1976a：284）

因此，使我们成为人类并将我们与其他动物区分开来的，是我们开展反思性生产活动的能力，而这远远超出了我们的即时需求。马克思极为清楚地解释和表明了扩展生产概念以吸纳消费的重要性，"生产式生活就是人类物种的宿命"（2011：54）。成为人类（human becoming）是从自然状态逐渐转变成人类的过程。我们有生理上的需求和能力，但这些需求和能力是习得的，正是通过习得，它们才变得人性化和社会化。我们与（我们自身及外在于我们的）自然的关系是由社会和历史中介的。我们不只是满足自身的需求或使用自身的能力，还对它们感到好奇，思考它们的极限或可能性。我们写作有关需求和能力的小说和诗歌；吟唱相关的歌曲；制作电影、电视剧和纪录片；画出伟大的艺术作品，力图说明或赞美它们。我们发生性关系不只是为了繁殖，还为了快乐和爱，我们为此欢笑、哭泣、幻想，而这是其他动物无法想象的。因此，起初只知满足自然需求或使用自然能力，后来逐渐发展出将我们定义为"人类"的社会活动。原本简单的自然行为变成了社会实践，被人类最高形式的反思调控。原本自然的行为变成了社会行为，深陷历史和政治之中，受法律和法规约束，定义了人何以为人。但我们从未脱离自然。套用亨利·列斐伏尔（Henri Lefebvre）的话，我们在不脱离自然的情况下与自然分离开（2002：192）。消费离不开这些变化。

马克思对异化的分析始于这样一个假设，即创造性劳动是人类物种不可或缺的部分。通过生产活动，我们将自己外化在世界之中。例如，当我写下这些词句时，我使自己成了作家。没有写作这个事实，我就不能称自己为作家：我写的文字塑造并再塑造了我的作家身份。根据马克思的说法，在资本主义之下（尽管他讨论的是19世纪的资本主义，特别是全新的工厂体系，但他所说的在今天仍然适用），劳动的异化表现在几个方面。劳动异化的第一个表现是劳动的产品不属于工人。工人工作是为了报酬；因此，支付工资的人或人们拥有工人生产的产品。于是，工人遭遇了她所生产的"异己物"，（Marx，2011：53），独立于她们的意志而存在。也就是说，一旦她的劳动"凝结"（2011：50）在所生产的物品中，它就会脱离她的生产活动而存在。正如马克思所解释的那样，"工人在其产品中的异化不仅意味着他的劳动变成了一个物品，一种外部的存在，而且它作为与工人相异的东西，独立于工人而存在，并成为与工人相对立的独立力量"（2011：51）。劳动异化的第二个表现是与工人相对立的力量。如果我是与马克思同时代的烤面包的工人，我的工资将按周发放。一旦这笔工资花光了，无论我有多饿，我做的面包、我的劳动产品、我的劳动创造出来的材料（即"凝结"

在我的劳动产品中的）都会成为与我相对立的异己物，它能够消除我的饥饿，但我不能吃，除非我有足够的钱购买它。我制造出的物品如今独立于我的意志而存在，我无法控制它的最终归宿；它现在是为赢利而流通的商品。再举个更贴近自身的例子，我写的书身处我无法控制的市场之中。如果我想要一本全新的我的著作，就要拿足够的钱去买一本。我不能大摇大摆地走进一家商店，宣布我是这本书的作者，然后将书架上的书据为己有：尽管我写作了这些书，但它们现在作为脱离我的生产活动的异己物与我相对立。

对于马克思来说，正如所讨论过的那样，定义我们人类的是我们的生产活动，因此，如果掌控生产活动的是一个我们无法控制的对象，一个异己物，那么在某种程度上我们的人性就被削弱了。他以宗教为例来解释自己的观点。"宗教也是如此。人奉献给上帝的越多，给自己保留的就越少。工人把自己的生命投入到物品中；但如今这个生命不再属于他，而是属于物品"（出处同上）。我们创造了众神，将我们的恐惧和欲望投射到他们身上，那么我们就是让独立于我们意志的异己物统治我们。当我们把社会建构或人类制造的东西视为自然或神圣法则的体现时，就会在一定程度上发生异化——工人生产的商品进入市场，就好像它们是独立于她的劳动而存在的物品一样。正如马克思进一步解释的那样，与宗教相类似，人类的想象力、大脑和心脏的自发活动独立于个人而运作——也就是说，作为异己的、神圣的或邪恶的力量在他身上运作——就像工人的活动不是他的自发活动一样。它属于另一个人，它就是他所失去的自我。

（2011：52-53）

异化的第三个表现涉及资本主义生产模式下的工人和人类物种之间的关系（如前所述，由社会激发的需求和能力将我们与其他动物区分开来）。"在从人手里夺走他所生产的产品的过程中……异化的劳动从他身上夺走了他的物种本质，他真正的物种客观性，同时将他相对于动物的优势转化为使他无机的身体和本质被夺走的劣势"（2011：55）。换言之，在资本主义之下，工人与她的"本质"（出处同上）脱节了。正如马克思所阐述的那样，

劳动是工人的外部存在，即它不属于工人的本质存在；因此，在他的工作中，他不肯定自己，而是否定自己，他不会感到满足，而是感到不快，也不会自由地提升自己的体力和脑力，而是伤害自己的身体，毁坏自己的头脑。因此，工人只有在工作

之外才是他自己，在工作中则不是他自己。他不工
作的时候很自在，工作的时候就不自在。因此，他
的劳动不是……对需求的满足；它只是满足劳动之
外的需求的手段。

（2011：52）

如果像马克思所说的那样，"劳动产品是……人类物种本
质的物质化"（2011：55），那么这种将产品的所有权和控制
权出让给他人的异化将从根本上削弱人类物种的本质，并严
重阻碍人类实现其全部潜力。虽然一直以来，我们必须工作
才能生活，但在资本主义之下，我们生活就是为了工作；作
为人类物种本质的生产活动，已经沦为生存和为他人谋利的
手段。简单来说，大多数人被重新定义为必须消费的工人；
他们的价值取决于他们的生产和消费水平。这种重新定义是
对完整的"人类身份"的异化（2011：16）。

但出于本性，我们会继续追寻自己的人类身份。我们在
生产中被否定，就在消费中寻求它。正如马克思所解释的，
工人"不能在工作中实现自我……不能自由地提升自己的体
力和脑力，而是体力透支，精神堕落"（1963：177）。这一
情况更趋恶化，因为工作"不是对需求的满足，而只是满足
其他需求的手段"（1963：177）。由于缺乏在工作中找到自

我的能力（即表现人类的创造力和控制力），她被迫在工作之外的消费中寻求自己。"因此，工人只有在闲暇时才会觉得自在，在工作中就不自在"（1963：177）。换句话说，为了追寻在工作中被否定的人类身份，工人在消费模式中追寻它。

社会模仿

尼尔·麦肯德里克认为，社会模仿是 18 世纪消费急速增长的关键因素：

> 为了模仿富人，社会中的中产阶级比以往更疯狂地消费，而为了模仿中产阶级，社会中的其他人也尽其所能地加入进来——这种尽其所能对总需求产生了空前绝后的影响。在社会模仿和阶级竞争的刺激下，男性和女性急切地屈服于对新奇事物的追求、时尚的催眠效果和令人信服的商业宣传的诱惑。
>
> （1982：11）

他认为，社会模仿是由三个因素促成的。第一个因素是，不同社会阶级在距离上的临近发挥了关键作用，因为它为社会流动、社会竞争，当然还有社会模仿提供了可能性。

第二个因素是他所说的"由社会竞争催生的时尚的强迫性力量"（出处同上）。他认为，第三个重要因素是伦敦的城市规模和特征。正如他所指出的，1600 年至 1800 年，伦敦的人口从 20 万增加到 90 万，成为欧洲最大的城市。除此之外，到 1750 年，11% 的英国人居住在伦敦，使其成为居民数占总人口数比例最高的欧洲城市。此时伦敦的游客也被算入本地居民之中（据他估计，在 18 世纪末，多达 16% 的英国成年人会在伦敦暂住一段时间），这会让人想到这些人可能都"受到了伦敦商店、伦敦生活方式和伦敦流行时尚的影响，而这些因素影响消费者行为的潜力是巨大的"（1982：21）。他认为，通过这种方式，伦敦"成了整个国家的橱窗，炫耀性消费的中心，其他地方争相效仿的对象"（出处同上）。诗人罗伯特·骚塞（Robert Southey）对首都的商业吸引力毫不怀疑，他在 1807 年写道：

> 如果我在伦敦度过余生，我想这里的商店会持续给我带来快乐。在那里总是可以看到令人惊叹或美丽非凡的东西……这里永远都会展示大自然或艺术中稀奇古怪的东西、精致的工艺或奇特的服装；随着别出心裁的手艺行当和荒诞不经的时尚不断生产出新的东西，展示的东西会不断变化。
>
> （引用于 McKendrick，1982：78）

麦肯德里克认为，社会模仿和"社会模仿的操纵性力量［通过广告和销售活动］让以前只购买过'体面商品'的男性［和女性］追求'奢侈品'，让以前只购买过'必需品'的男性［和女性］追求'体面商品'"（1982：98）。在18世纪，他所说的"西欧时尚模式"（1982：41）兴起了，它以快速变化为特征，驱动了社会模仿和社会模仿的操纵性力量。他指出了操纵性力量的关键作用：

> 尽管时尚的力量很强大，但它需要被释放、调动和开发，才能显著增加总需求。实现这一目标的条件越来越有利……但它仍需要积极主动的推销，才能进入该市场并充分发挥其潜力。
>
> （1982：63）

如果社会模仿要对生产活动产生影响，就需要与模仿性支出相匹配。麦肯德里克认为，在消费品位和行为从大都市的支配阶级传播到各省其他阶级的过程中，家仆发挥了至关重要的作用。他坚持认为，如此一来，社会模仿便从富人向下流向他们的家仆，然后流向产业工人，最后流向农民。他认为，通过这种方式，社会模仿"成为增长的引擎，成为大规模生产的动力"（1982：66）。但正如本·法恩（Ben Fine）

和埃伦·利奥波德（Ellen Leopold）所指出的那样，"模仿性支出似乎极不可能发源于家仆"（1990：169）。他们援引了芭芭拉·约翰逊（Barbara Johnson）的例子，在18世纪60年代，她花费了7英镑15先令9便士购买了制作日间礼服的材料，而当时她的女仆的基础年薪约为7英镑7先令。因此，从家仆那里发展出模仿性支出似乎极不可能。女仆所穿的衣服由女主人下发给她们，与雇主的品位相符合。法恩和利奥波德为此指出了两个原因。第一个原因是18世纪末英国支配阶级日益加速的时尚潮流。第二个原因直接挑战了社会模仿的构想："雇主经常挑选并购买要给仆人穿的衣服……［因为仆人的］衣服是雇主财富和地位的醒目标志……［它们］反映了他或她的品位，而不是仆人的品位"（1990：170）。

历史学家安·伯明翰（Ann Bermingham）也批评了用社会模仿的模型来解释大众消费增长的做法。她认为这种方法不足以解释消费过程和消费模式，因为它总是假定了自上而下的文化影响。她声称，作为一种解释模型，它总是"强化文化是精英阶级的领地的政治观点"（1995：12）。[2] 此外，她观察到，这种观点的论据总是来自过去历史上占主导地位的论调对自身的理解和呈现。如此不加质疑地使用主流论调的观点，可能会使历史学家无法穿透表层话语，揭示在社会模仿的具体争论中，种种论调在意识形态上的利害关系。例如，正如伯明翰明确指出的那样，人们的消费水平应当超出他们所处社会阶级的这种说法会让有些人感到厌恶，而这可能是在担心这种模仿会导致其他更具社会威胁性的想法和行动。换言之，现实情况可能是，占主导地位的论调实际上是在表达对于社会模仿可能引发的后果的恐惧，而不是为了在实践中发掘社会模仿的实例。除此之外，伯明翰进一步观察到，"这种自上而下的模仿模式也有缺陷，因为它无法解释文化模式朝相反方向流动的情况"（出处同上）。例如，法恩和利奥波德举出了18世纪社会模仿向上流动的例子：夫拉克外套^①（frock-coat）从农民的工作服转变为王室成员的时装（1990：172）。

女权主义历史学家阿曼达·维克里（Amanda Vickery）也认为，社会模仿不足以解释18世纪末大众消费的增长。她认为，作为一种解释模型，它"对人类动机进行了刻板而乏味的解释"，假定了"嫉妒和痴心妄想是常态"（1993：275）。此外，她认为这种模型，尤其是麦肯德里克在使用时，总是对女性有很特殊的看法，一方面她们被"病态的消费欲望"驱动，另一方面她们"不过是天生对向上流动充满贪婪和渴望"（1993：277）。例如，哈罗德·帕金（Harold

---

① 夫拉克外套：19世纪中期至20世纪初期时流行的一种男式礼服，类似于现代的大衣。——译者注

Perkin）针对所谓的消费革命的原因提出了概括性论断——
"这种需求的关键是社会模仿、攀比、对更高阶级消费习惯
的强迫性模仿"（1968：110），而麦肯德里克则非常明确地
说明了消费者的性别：

> 她收入的增加释放了她与更高的社会阶级竞争的
> 欲望，这种欲望被压抑了几个世纪，或者至少也是被
> 限制在偶尔的放肆之中……正是这种新的消费需求，
> 想要穿得像公爵夫人的工厂女孩……促成了工业革命。
>
> （1974：200，209）

维克里认为，这种解释女性在消费活动中所处位置的方
式，很大程度上源于对历史资料不加批判地解读。正如她所解
释的，"这种同质化的关于女性消费动机的泛泛之论，说明他们
不加批判地引用了 18 世纪旅行日记、讽刺性的社会评论和道德
说教者的抨击……如此一来，古老的偏见就被当成实际的行为
了"（1974：277）。维克里还指出，社会模仿的模型倾向于省略
和弱化对消费的分析，其手段是"假设商品在其物质功能之外
只能传达关于竞争地位和性别的信息，同时一旦拥有消费品，
所有消费者都能拥有相同的社会和个人意义"（出处同上）。她
反对这种立场，主张消费"为文化和意义的创造做出了积极贡

献"（1974：278）。在她自己的研究中，她试图"超越购买的那一刻"，探究商品"被使用的方式，以及随着时间的推移，个人为所拥有之物赋予的多重意义"，因为它们被放置到新的环境中，并与其他商品有了新的联系（1974：281，282）。她坚持认为，如果我们要充分理解消费，那就必须在商品进入消费者的个人经济领域后追踪它们，在那里，商品可能会被赋予新的意义，因为它们被放置在不断更替的环境和不断变化的关系之中；商品成为她称之为"非炫耀性消费"过程的一部分（1974：284）。为了说明这些过程，她引用了自己对埃伦·威顿·斯托克（Ellen Weeton Stock）的研究。19世纪初，斯托克在兰开夏郡（Lancashire）担任家庭教师，在给女儿玛丽寄去几件传家宝的同时，她附上了一封信，她写道：

> 我母亲曾拥有一大盒绿丝带，这条便是其中之一；它们是我父亲在美国内战期间赢得的奖赏……这块拼布是一条旧被子，是我大约20年前做的；中间的六边形来自我们家最好的床幔……那是我父亲某次航行后带回家的印花棉布……我是这样想的，我的玛丽，你不妨了解一下你母亲家族的历史。
>
> （引用于 Vickery，1993：293-294）

每个物品都是因为其意义而被珍视，而非其物质或货币价值。

正如社会学家科林·坎贝尔所注意到的，社会模仿模型的最后一个问题是，"模仿行为不一定是为了模仿"（1993：40）。也就是说，家仆可能穿着与贵族雇主类似的衣服，但这并不意味着她想成为她的女主人。尽管家仆确实会接受雇主的新衣服和二手衣服，但这种接受的重要性和意义可能并非一目了然。正如维克里所表明的那样，

> 目前尚不清楚穿上女主人的衣物是否会让客厅女仆①看起来、感觉上像是女主人，或是享有女主人般的待遇。推断她希望自己是贵妇人可能合情合理，但从她接受了二手衣物这个事实之中，绝对不可能推断出这一点。毕竟，二手衣物之所以有吸引力，只是因为它们的转卖价值很高。此外，先前的佣人为索回工资和全部衣物所付出的艰苦努力，包括威胁采取法律行动，表明了衣物被视为收入的重要组成部分，而不仅仅是令人垂涎的用来实现社会模仿

---

① 客厅女仆：主要负责接待访客，因此穿着往往比其他女仆华丽。——译者注

的工具。

（1993：284）

浪漫主义伦理

坎贝尔认为，要充分理解现代消费形式的发展，我们需要考察他所说的浪漫主义伦理。在一个他认为"极具野心的论点"（1987：2）中，他坚称浪漫主义，即伴随工业革命发展起来的知识和艺术运动，在18世纪晚期消费社会的发展和突飞猛进中发挥了至关重要的作用。

坎贝尔以德国社会学家马克斯·韦伯（Max Weber，1965）所说的"祛魅"过程为起点展开了论述。韦伯用"祛魅"这个词来描述一种历史过程，即情绪逐渐与自然世界剥离（"那晚真可怕"），而转移到个人的内心世界（"她觉得那晚真可怕"）。这正是自我的主观内部世界和自然的客观外部世界日益分离这一历史发展的重要部分。它逐渐发展出一种生存方式，在其中，存在着自我之外的客观世界以及面向它的主观反应。正如坎贝尔所说，

目前，客观现实和主观反应是通过意识来中介的，

如此一来，在如何将两者联系起来方面，个人就有了很

　　大的选择余地。信念、行为、审美偏好和情绪反应不再
是由环境机械决定的，而是由个人"意志"决定的。

（1987：73-74）

　　坎贝尔认为，随着浪漫主义的发展，以及浪漫主义诗人塞缪尔·泰勒·柯勒律治（Samuel Taylor Coleridge）首次称之为"自我意识"的概念的发展，这一历史过程进入了关键阶段。

　　在坎贝尔看来，浪漫主义的重要性在于，这一文化运动第一次宣扬了"一种截然不同的关于人的学说"（1983：286）。

　　浪漫主义……催生了一种独特的品质标杆，这种品质标杆虽然最适宜于衡量艺术家，但同时也适宜于衡量他［或她］的作品的消费者或"再创作者"。由于神性的关键特征被认为是创造力，所以无论是在生产力还是独创性的意义上，想象力都成了最重要和最珍贵的个人品质。个人不仅要在艺术作品中表现出想象力，还要有能力完全融入他人的作品，成为其中不可忽视的存在。

（1983：52）

浪漫主义的自我观认为人应该相信自己的感受，人应该寻求内在的指导。这就导向了我们所说的对体验的主张；也就是说，这一理论坚称人应当寻求体验，然后从这些体验中学习；如果你是艺术家，就应该表达自己的体验，这样其他人可以反过来从该体验的表达中学习。浪漫主义者坚信"幸福源于自我表达"（1983：285）这一观点。坎贝尔认为，"浪漫主义关于在体验中学习的理论不仅强调了所有感受（无论是积极的还是消极的）的价值，而且特别强调了快乐的价值……［威廉·华兹华斯（William Wordsworth）所说的］'快乐的基本原则'"（1983：286）。坎贝尔认为，这种体验快乐的主张"是一种为消费模式提供理性辩解的理论，即通过强有力的体验，我们可以了解世界和我们自己"（1983：287）。正是这种新的思维方式和生存方式，即浪漫主义的自我观，重新定义了个人，以及如何通过接触诸多全新的和不同的体验来完善个人。坎贝尔认为，这对消费伦理的发展至关重要。为了在浪漫主义和这种新消费伦理之间建立起有说服力的联系，坎贝尔认为，最好的例证就在"艺术和艺术家新理论的发展之中，这些理论必然同时适用于这些产品的消费者"（1983：288）。[3]

浪漫主义提倡艺术表现理论，艺术作品被视为艺术家"天赋"的表现：她的体验、想象和感受的化身（见 Abrams，

1953）。但对于消费伦理的发展至关重要的是，浪漫主义不仅倡导一种新的艺术生产观，而且坚持认为应该以不同的方式理解对艺术的消费。消费浪漫主义艺术的价值在于，它让消费者接触到艺术家的天赋。换句话说，消费浪漫主义艺术涉及对艺术家体验、想象和感受的再创作。正如浪漫主义诗人珀西·比希·雪莱（Percy Bysshe Shelley）在《为诗辩护》（1821年首次出版）中所说，

> 一个人要想成为至善的人，就必须进行深入而全面的想象，他必须设身处地为他人着想，他所属物种的痛苦和快乐必须化为他自己的痛苦和快乐。美德的有力工具就是想象力，诗歌通过对思想发挥作用来实现这一目的。诗歌通过书写前所未有的欢乐来扩大想象的范围……诗歌增强了人的道德器官的力量，就像锻炼增强了肢体的力量一样。
>
> （2009：682）

浪漫主义诗歌理论要求读者积极而富有想象力地参与诗歌，即能够（在阅读过程中）重新创作诗人对体验、感受和想象力的书写。正如坎贝尔所解释的那样，

值得注意的是，这种理论［浪漫主义诗歌理
论］几乎同等重视读者的"再创作"能力，和诗人
的原始创作能力。因为诗人必须被他所看到的事物
打动，并且能够将这种体验转化为一种情感的、因
之有效的艺术作品。而读者也必须具备足够的想象
力，才能通过书面上的文字产生令自己信服的幻
想。在这种意义上，读者也被认为是有创造力的艺
术家，他可以创造出能够"打动"自己的画面。

（1987：189）

坎贝尔认为，浪漫主义诗歌理论相信可以通过快乐来重
建道德，这"催生了一种独特的品质标杆，这种品质标杆虽
然最适宜于衡量艺术家，但同时也适宜于衡量他［或她］的
作品的消费者或'再创作者'"（1987：193）。

浪漫主义为极具活力的消费主义提供了其所必
需的"娱乐"哲学：这种哲学将追寻快乐本身合法
化……［通过这种方式，它］为这种生生不息的消
费模式提供了伦理支撑。这种消费模式使现代人的
行为方式如此大相径庭［原文如此］。

（1987：201）

坎贝尔认为,"浪漫主义理论为消费文化产品提供了一套新的动机和正当性,这些动机和正当性强调了对消费体验本身进行主观阐释的重要性"(1983:289)。[4]

坎贝尔在浪漫主义的理论关切和实践结果中确立了现代消费主导模式的起源,之后又阐述了一个更为精细的现代消费理论。他首先区分了两种形式的享乐主义,传统的和现代的。这两种形式之间的区别在于快乐领域的扩张,它从特定体验中的某个点位转变成所有体验中都存在快乐这一信念。这种形式的变动是某种转变的结果,即在"感觉"中寻求快乐转变为在"情绪"中寻求快乐。正如他所解释的那样,

> 现代享乐主义发展的关键在于将主要关切从感觉转移到情绪,因为只有通过后者的中介,强大而持久的刺激才能与任何有效程度的自主控制相结合,而这种控制直接发源于情绪能将心理图像与物理刺激联系起来这一事实。
>
> (1987:69)

换言之,传统享乐主义在特定的对象和实践中寻求快乐,而现代享乐主义则在对象和实践的意义中寻求快乐

（1987：76）。表 2.1 呈现了彼得·科里根（Peter Corrigan）对坎贝尔论点的实用图表总结。

表 2.1　传统享乐主义与现代享乐主义

传统享乐主义	现代享乐主义
寻找与特定实践相关的快乐	在任意一种或所有体验中寻找快乐
快乐与感觉相关联	快乐与情绪相关联
主体无法控制情绪	主体控制情绪
快乐源于对对象和事件的控制	快乐源于对对象和事件意义的控制

来源：科里根（1997：16）。

坎贝尔认为，从在已知能提供快乐的事物中寻求快乐，到在尚未体验到快乐的事物中寻求快乐，这一转变对消费产生了巨大影响。正如他所解释的那样，

> 从自我构建的、富有想象力的体验中获得快乐的能力关键性地改变了所有享乐活动的本质……在……传统享乐主义的行为模式中，想象力并未发挥重要作用，因为人们可以从过往的体验中得知令人期盼的快乐的特性。对快乐的期望会引发欲望，但人"期望"享受的主要是他"记得"享受过的。因此，新奇的对象或活动往往被怀疑，因为它们提

供快乐的潜力尚不可知。另一方面，在现代享乐主义中，如果一种产品可以算是拥有未知的特性，那么寻求快乐的人就可以想象产品所能带来的满足感的特性，从而使它成为孕育白日梦的场所。尽管享乐主义者使用了记忆中的素材，但他现在可以富有想象力地推测未来会有怎样的满足感和乐趣，从而将他［或她］中意的白日梦与这个真实的欲望对象联系起来。通过这种方式，想象性的快乐被归为已遇到的快乐，同时激发人们对未知事物更强烈的渴望，其程度高于对已知事物的渴望。

（1987：85-86）

坎贝尔认为这是现代消费模式的关键：

因此，将白日梦引入享乐主义不仅增强了欲望，而且使欲望本身成为愉悦的活动。对传统男人来说，延迟满足仅仅意味着受挫，而对现代男人来说，它变成了欲望和实现欲望之间的快乐间隙，其中可以满载做白日梦的乐趣。这揭示了现代自我幻想（self-illusory）式享乐主义的一个独有的特征——欲望模式构造了一种令人愉快的不适状态，寻求快乐的侧重点是想要，而不是拥有。

（1987：86）

对坎贝尔来说，这个过程的驱动力源于现实与想象之间不可避免的差距，实现欲望的结果总是不同于对实现欲望的预期。通常情况下，实际的消费体验不会与想象的预期体验相一致。如此一来，"欲望的实现必然是幻想破灭的体验"，而无论实际的消费体验能带来什么样的快乐，预期和现实之间的差距都会使人"认识到有某种缺失"（出处同上）。尽管坎贝尔的论点是消费者被驱使着从一个对象转移到另一个对象，从预期的白日梦过渡到幻想破灭的现实，盼望着有这样一个欲望之物，在现实中对它的体验与在想象中预期的体验完全一致，他的"核心见解［仍然］……是，与其说个人从产品中寻求满足，不如说他们在利用关联意义建构起来的自我幻想体验中寻求快乐"（1987：89）。他认为，通过这种方式，

消费的本质性活动不是实际的对产品的选择、购买或使用，而是产品形象本身所带来的想象性享乐，"真实"消费在很大程度上是这种"精神"享乐主义造成的结果。从这个角度来看，其对新奇事物

和永不知足的强调都变得可以理解了。

（出处同上）

正是预期和幻灭的循环驱动着消费欲望。维持这一进程所需的只是新的消费商品。坎贝尔的论点驳斥了这样一种观点，该观点认为现代消费主义证实了人们贪婪地只想消费越来越多物品的物欲。

当代消费者对购买物品有着难以满足的欲望，这种想法严重误解了促使人们欲求商品的机制。人们的基本动机是希望在现实中体验到在想象中已经享受过的令人愉悦的欣喜，而每一种"新"产品都被认为有实现这一目标的可能性。然而，由于现实永远无法提供白日梦中所遇到的完美快乐（或者说如果有的话，那也只是局部的，而且很不常见），每次购买都会导致完完全全的幻灭，这解释了欲求为何消失得如此迅速，以及人们为何在购买商品的同时又如此迅速地失去了商品。然而，没有熄灭的是白日梦本身引发的根本性渴望，因此，人们一如既往地下定决心，要找到新产品作为欲望对象的替代品。

（1987：89-90）

预期体验和实际体验之间持续不断的动态互动，以及对缩小两者差距的深切期望，才是理解现代消费无限度特性的关键（见图 2.1 ）。

渴望

醒悟   消费

图 2.1   消费循环过程

来源：坎贝尔（ 1987 ）。

尽管坎贝尔承认广告商可能会试图推动这一过程，但他拒绝接受这样的观点，即广告商能以某种方式控制渴望的生产与再生产循环过程。他认识到"广告商［可能会］利用人们做白日梦的这一事实，为这些梦提供素材"（1987：91）。但是，正如他所坚持的那样，因为"白日梦本身就是现代社会所特有的现象，所以不需要商业性的广告机构来确保其持续存在"（出处同上）。

要成为白日梦的素材，商品必须被积极地消费。此外，与许多关于消费的"常识"截然相反的重要区别是，坎贝尔坚持认为，重要的是要"将这些……产品视为白日梦的素材，而不是白日梦本身"（1987：93）。消费者的活动至关重要。

[这一点] 很重要。这不仅是因为个人必须积极使用词语、图像和声音来为他自己 [原文如此] 构建一个"仿佛存在"的栖居世界，还因为白日梦（在任何情况下都是在与……相应物品接触之前）很可能在中止直接接触之后的很长一段时间内仍在延续；与特定电影或小说有关的图像随之浮现在脑海中，并以令人愉快的方式被润饰。

（出处同上）

然而，尽管消费是积极主动的过程，但消费者的本质性活动存在于寻求快乐的想象过程中。这导致了对"产品'意义性'（meaningfulness）"的关注，而不是对"产品意义的关注"（1995：120）。[5]

消费与操演性

物质对我们来说很重要，这不仅因为它们的用处或对我们的赋能，还因为它们对我们以及周围其他人的意义。我们消费的东西对于我们的身份认知很重要，对我们想要呈现给他人的身份也很重要。消费和身份紧密地纠缠在一起，这种认知并不是新观点。1890 年，哲学家威廉·詹姆斯（William

James）从非常具体的阶级和性别视角出发，主张"一个人的自我是他所能称之为自己的事物的全部总和，不仅包括他的身体和精神力量，还包括他的衣服和房子、他的妻子和孩子、他的祖先和朋友、他的声誉和作品、他的土地、游艇和银行账户"（引用于 Trentmann，2017：233）。虽然读这本书的大多数人可能会列出一份非常不一样的清单，但他们可能与詹姆斯有同样的想法，认为消费和身份之间有重要的联系。

当我们改变消费模式，以明确表达我们的身份或想要拥有的身份的不同层面时，我们就是在进行身份旅行（identity tourism）。身份是一项永远都在进行中的差事；一种正在构造而非固定的存在状态。当我们第一次见到某人时，为了了解他们是什么样的人，我们会问一些问题。其中很自然的问题就是他们的职业。但为了更好地了解他们，我们迟早会问一些有关消费的问题。他们读什么书？他们看什么电影？他们有最喜欢的电视节目吗？他们听什么类型的音乐？他们支持哪支足球队？他们去哪里度假？这些问题以及很多类似的问题，都将消费与身份联系在一起。一旦得知足够多的答案，我们就觉得可以在特定的文化和社会空间中定位这个人；换句话说，我们开始认为我们知道他们是什么样的人了。

在传统上，身份通常被理解为连贯和固定的东西，它是人的根本特性，由人性保障。与此相反，最近的理论假定身份不是固定和连贯的东西，而是建构起来的，总是处于变化之中的东西。这是"生产"得来的身份，而非遗传得来的。它是在历史和文化之中构造出来的，而非在历史和文化之外。此外，根据这个模型，单一身份的概念本身被多身份的概念所取代；也就是多重和流变的身份。例如，斯图尔特·霍尔认为身份是一种消费形式或是二次生产形式（见第三章）。正如他所解释的那样，"身份事关在构造（becoming）的过程中使用历史、语言和文化资源，而非是其所是（being）"（1996a：4）。尽管身份显然与"我们认为自己是谁"和"我们认为自己来自哪里"有关，但也与"我们要去往哪里"有关。它们永远都是一种关于自我构造的叙事。如果你问我是谁，那我会给你讲个故事。从这个意义上说，正如霍尔所指出的那样，身份越来越与"根"（root）无关，而越来越与"路线"（出处同上）有关。路线是指我们在永无止境的自我塑造（self-formation）之旅中占据和让出的位置。例如，在这个时刻，我可能是曼联球队的支持者；在那个时刻，我是大学教授；在一些时刻是父亲；在别的时刻则是朋友。每一个这类时刻都有恰当的表述背景和特定的消费模式。也就是说，根据背景，我们的身份塑造了自我的层次结构。在特定的背景中，"占主导地位"的可能是某个身份；在其他情况下，就可能会变成其他身份。但这些非主导的身份一直都存在，一直在等待，随时准备在自我塑造的过程中发挥作用。因此，在我的主导身份是曼联球迷的情况下，由于我依然是一名大学教授，那我对球迷身份的操演就会受到这层身份的限制。此外，每一种身份都与消费纠缠在一起。或者换句话说，我们消费的东西以及我们消费的方式，在很大程度上显示了我们是谁，我们想成为谁，以及别人对我们的看法。消费可能是我们展现自我认知的最重要的方式之一。我们消费的东西为我们提供了素材，可以让我们以各种方式上演和表演我们是谁以及想要如何被看待的戏剧。

在探讨身份与消费之间的关系时，朱迪斯·巴特勒关于生理性别（sex）、社会性别（gender）[①]和操演性的研究提供了一种非常有影响力的思考方式。巴特勒以西蒙娜·德·波伏瓦（Simone de Beauvoir）的观察作为起点，即"女人不是生下来就是女人，而是后来才变成女人"（de Beauvoir，1984：12）。尽管波伏瓦的论点有优点，它将性别视为在文化中被建构起来的东西，而不是被自然所固定的东西，但巴特勒认为，这种生理性别和社会性别模型的问题在于，它假设了男

---

① 不同语境中，"sex"与"gender"的意义会有差别，翻译时会视情况而定，未必会沿用此处的翻译。——译者注

性和女性的生理特性都处于文化之外。与此相反，她认为生理特性本身总是已经在文化上被性别化为"男性"和"女性"了，因此，它早已预设了女性气质和男性气质的版本。换句话说，生理性别和社会性别之间的区别不是自然和文化之间的区别，它介于两种文化版本之间。因此，正如她所说的那样，"女人（woman）"不是生下来就是女人，而是后来才变成女人；但更进一步地说，"女性（female）"不是生下来就是女性，而是后来才变成女性（1999：33）。①

　　巴特勒的论点是，社会性别不是生理性别的表达，它是在文化中由操演建构起来的；同时，在文化中被建构的东西也将生理特性建构为男性的或女性的。因此，波伏瓦坚持认为生理身份设定了社会性别身份的极限，而巴特勒认为社会性别身份造就了生理身份。为了充分理解这一点，也为了认识这对理解消费和身份塑造有什么影响，我们需要了解操演性。不应将巴特勒的操演性概念与表演这一概念相混淆，表演是指一种戏剧表演形式，在其中，更本质的身份（"本质自我"）在所展示的戏剧身份背后保持不变。正如她所解释的那样，"社会性别表达的背后并不存在生理身份；生理身份是由'表达'本身在操演中构造起来的，但却被误以为造就

---

① 此处的女人强调其社会意义，女性则强调其生理意义。——译者注

了'表达'"（出处同上）。这些表达在很大程度上涉及消费。因此，对巴特勒来说，看似是生理特性表达的事物，实际上树立了生理特性的显著权威。换句话说，我表现得越像"男人"，似乎就越能证实我的"男性"生理特性的决定性作用。再次重申，表现得像男人涉及特定的消费模式。

巴特勒的操演性理论是对 J. L. 奥斯汀（J. L. Austin）述行性 [①]（performative）语言（"言语行为"）理论的发展。奥斯汀把语言分为两个类型：述愿性（constative）和述行性。述愿语言是描述性语言。"天空是蓝色的"就是述愿性表述的例子。述行语言不仅描述已经存在的东西，它还使某事成为现实。"我现在宣布你们结为夫妻"就是个典型的例子；它没有描述某件事物，而是使某事成为现实；也就是说，当恰

---

① 此处奥斯汀使用的"performative"一词并未如前文一样翻译成操演性，这是因为奥斯汀的概念更强调语言与行动的关系，即述行语言是在完成语言所指涉的行为，因此翻译成"述行性"更合适。而巴特勒的概念除了包含个体根据性别规范规定的行动建构性别身份这层含义，还为这个概念添加了一定的颠覆性，即个体与性别规范之间存在最小间距，可以通过戏仿、再意指等方式颠覆性别规范。因此，个体的行为更像是对性别规范的操练、表演，而非简单地遵从性别规范、执行行动。此外，由于表演往往假设背后存在一个固定不变的"本质自我"，而巴特勒向来反对这类本质主义，强调主体的生成性，因此前文中将巴特勒的"performative"概念翻译为操演性以示区别。——译者注

当的人说出这些话时，就会将两个单身人士变成一对已婚夫妇。正如奥斯汀所解释的那样，"话语表达就是在执行行动"（1962：6）。巴特勒认为，性别的运作方式与述行语言大致相同。孩子出生的那一刻，人们在回答"它是什么①？"这个问题时，答案总是"是男孩"或"是女孩"。代词"男孩或女孩"的使用将前人类的"它"转变为一个性别主体。如此一来，众多操演行为中的第一个行为就完成了，孩子的身体也就可以在文化上得到理解了。"是男孩"或"是女孩"的宣告附带了在孩子出生之前就预先存在的规则和规定，而孩子应该遵守这些规则和规定："小男孩要这样做，小女孩不这样做"，等等。换句话说，看起来像是辨识的宣告实际上是构造的时刻："它"被塑造成一个主体（男性或女性），由此开始了持续的主体化过程，在这个过程中，"它"被要求遵守在文化上可以被理解的（即可被社会接受的）男性或女性规范——通过这种方式，主体受到了约束。所以，说我是个男孩并不能揭示我的性别身份，而是创造了性别身份；这种被创造的性别身份规划了我的身份和社会"命运"的关键方面。此外，特定的消费模式是规划和"命运"的一部分。

　　然而，要想让"是女孩"或"是男孩"有意义，它必

---

①　原文为"what is it"。——编者注

须符合已经存在的文化可理解性（cultural intelligibility）结构（也就是说，我们必须早已知道"是女孩"和"是男孩"意味着什么）。但更重要的是，可理解性的结构要求做出这种宣告；人类社会已经一致同意基于生理差异的某些方面将人类划分为男性和女性，而宣告正是顺从这种人类社会的行为。每当发生这种情况，这种宣告都是在引述先前的宣告，正是这种引述才赋予了它权威性和有效性。巴特勒的这部分论述借鉴了德里达（Derrida）对奥斯汀述行语言理论的延伸。正如德里达所问，"如果述行话语的表达方式没有沿袭'被编码的'或可重复的话语，换言之，如果我为了召开会议、让轮船下水或约定婚姻而说出的语句，被认为与可重复的表达方式不相符，那么述行话语还会有述行的效果吗？"（1982：18）。这也就是说，每次宣告的力量，它之所以有意义、有权威性和有效性并且需要一致性，就在于先前引述的分量。此外，第一次引述是连续不断的引述过程的开始，因为"它"必须遵从其被指定的性别身份的社会规范。因此，我们的性别身份"不是选择得来的结果，而是一种规范的强制性引述，这种规范复杂的历史与纪律、监管和惩罚有着不可分割的关系"（Butler，1993：232）。各种各样的话语，包括来自父母、广告、时尚界、教育组织和媒体的话语，都将联合起来，以确保我们遵从对性别规范的复述和引述。通过这种方式，性别操演创造了一种性别自我（由生理担保）早已存在的幻觉。萨拉·钦恩（Sarah Chinn）精辟地总结了这一过程，以及它与习得的消费模式之间的关系，

> 性别的自然化效应意味着我们觉得性别是天生的——即使我们明白性别是操演性的，我们的主体性本身是通过对它的操演建构的，也不会觉得这减损了性别的先天性。我们的身份取决于对性别的有效操演，这里有一整套文化武器库，包括书籍、电影、电视、广告、父母禁令和同伴监督，以确保这些操演（按理想情况）是无意识的和有效的。
>
> （1997：306-307）

如果像巴特勒所坚称的那样，"性别的实在性是通过持续的社会操演创造的"（1999：180）：通过表现得像男人或女人，我们创造了自己的性别身份，而特定的消费模式是所规定的行为的重要组成。不存在表演不同身份——存在和行为之间有区别——的"本质自我"。相反，存在（"本质自我"）和行为（"自我呈现"）是同一事物：正是做了男性化的事情，才让人变得男性化；男人本身没有男子气概，他们操演一种／多种男子气概，这种操演一部分是通过消费的社会实

践来实现的。换句话说，我们的性别身份在一定程度上是通过遵循习得的消费模式建构起来的。但不止于此，巴特勒论点的逻辑是，所有身份都是以这种方式建构起来的。[6]

注释

1 特伦特曼（2017：230）似乎认为马克思将消费视为异化的原因。事实恰恰相反。异化的源头是资本主义生产方式下的劳动；消费被用来减轻异化所带来的影响，象征着几近无望的对抗生产方式负面影响的尝试。

2 正如法恩和利奥波德所指出的那样，

> 模仿的概念（涓滴效应的来源）……确立了上层阶级在创造消费社会的过程中所起到的革新作用。它们被视为需求的根本来源，同时引进了消费品的理念。这些理念自上而下流遍社会所有阶级，在从奢侈品流向体面商品再流向必需品的过程中发生转变。这意味着，那些有闲之人将创造力投入幻想全新的奢侈品之中，这使得他们因不劳而获而形成的懒散状态变得正当……财富产生"教养"，而"教养"本身是品位和优雅的来源，这一信念由此被用来合理化社会金字塔的存在。但金字塔中的不平等现象完全被掩盖住了。
>
> （2017：176）

3 关于浪漫主义新视角的精彩介绍出自威廉·华兹华斯和塞缪尔·泰勒·柯勒律治合著的《抒情歌谣集》前两版中的《启事》（1798）、

《前言》和《附录》(1802)。参阅华兹华斯(2008)。

4　坎贝尔意识到浪漫主义对消费社会发展产生的影响至少可以说是一种讽刺,尤其是考虑到浪漫主义的拥护者认为他们的所作所为是在反对他们所身处的新兴工业社会(见 Campbell 1983:293;1987:209)。但也要考虑到浪漫主义诗人罗伯特·骚塞对伦敦商店的态度,正如本章早前在"社会模仿"一节中引用的那样。

5　坎贝尔的理论与雅克·拉康的"匮乏"(lack)理论有某种相似之处。拉康认为,我们生来就处于一种"匮乏"的状态,随后我们的余生都在努力克服这种状态。其后果就是无休止地寻找想象中的完满时刻。拉康认为这是在寻找他所说的"小客体"(the object small other):它是我们渴望却永远遥不可及的东西;一个失落的物体,象征着想象中我们依然完整无缺的时刻。由于无法抓住这个物体,我们用置换策略和替代对象来安慰自己。参阅斯托里(2021a)。

6　在社会学经典著作《日常生活中的自我呈现》(*The Presentation of Self in Everyday Life*)中,欧文·戈夫曼(Erving Goffman)认为我们的行动和互动是一种表演形式。也就是说,他区分了本质自我(单数)和表演自我(复数)。他以20世纪50年代末美国大学女生为例:

> 美国大学女生……当约会对象在场时,会故意降低自己的智力、技能和决断力……据说,这些表演者会让男朋友冗长乏味地向她们解释她们早已知道的事情;她们会向数学成绩较差的恋爱对象隐瞒自己精通数学的事实;她们会恰如其分地在乒乓球比赛快结束时输掉比赛。
>
> (1990:48)

他引用了一位女学生的话:"有时我会怨恨他!为什么他在所有男人

应该擅长的地方都比不上我，这样的话，我怎么做真实的自己啊？我到底为什么要跟他在一起？扶贫吗？"（1990：229）。她相信，装傻充愣的表演背后有一个本质自我，实施着戈夫曼所说的"印象管理"（1990：85）。然而，从巴特勒理论的角度来看，这些表演是操演性的。男性和女性学生越是以这种方式进行表演，这种表演方式就越规范，越会成为男性和女性大学生被社会期许的行为方式。换句话说，他们以这种方式进行表演，从而促进了行为准则的再生产，以备未来引述和重新复述。女大学生正在上演一部"监管小说"（Butler 1999：180）。正如巴特勒明确指出的那样，我们的身份并不是与生俱来的本质自我的表达，而是在复述和引述的过程中被操演式地建构起来的，这些过程逐渐催生并强化了我们对身份的认知。

第三章

解读消费

在本章中，我们考察了针对消费运作方式的三种解读：操纵、沟通和二次生产。本章首先介绍了法兰克福学派的批判性分析。之后，《作为沟通的消费》一节探讨了经济学家托斯丹·凡勃伦（Thorstein Veblen，在美国开展研究）和社会学家格奥尔格·齐美尔（Georg Simmel，在德国开展研究）在社会学方面的基础性研究。随后讨论了社会人类学家玛丽·道格拉斯（Mary Douglas）和经济学家巴伦·伊舍伍德（Baron Isherwood）颇有影响力的关于商品象征性使用的研究。之后一节讨论了法国社会学家皮埃尔·布尔迪厄（Pierre Bourdieu）关于消费及其标记和维持社会区隔的作用的研究。最后一节的主题是法国文化理论家米歇尔·德·塞尔托（Michel de Certeau）对作为二次生产的消费的论述。

作为操纵的消费

法兰克福学派是指与法兰克福大学社会研究中心有关联

的一群德国知识分子。该研究中心成立于 1923 年。1933 年纳粹党在德国掌权后，该研究中心几经辗转迁至纽约，成为哥伦比亚大学的临时机构（直到 1949 年）。在美国的生活经历对学派的消费理念产生了深远的影响。1947 年，西奥多·阿多诺（Theodor Adorno）和马克斯·霍克海默（Max Horkheimer）创造了"文化工业"一词，用来指称大众文化的产品及其生产过程。他们声称，文化工业的产品有两个特点：文化同质性，即"电影、广播和杂志组成了一个系统，其在整体上和在每个部分中都完全相同……所有大众文化都是一样的"（1979：120–121），以及可预测性：

> 只要电影一开演，它的结局会怎样，谁会受到奖励，谁会受到惩罚或被忘掉，这一切就都一清二楚了。在轻音乐［流行音乐］中，一旦训练有素的耳朵听到了热门歌曲的第一个音符，他就能猜到接下来会是什么旋律，当旋律确实如此时，他就会感到得意。
>
> （1979：125）

此外，"在文化工业的体制下……电影没有给观众留下想象或反思的空间……电影迫使它的**受害者**直接将电影等同于现实"（1979：353–354）。在之后的一篇文章中，阿多诺阐述了同样的主题，即消费是由生产决定的："在其所有分支中，为大众消费量身定制的产品都是按计划量产出来的，这些产品在很大程度上决定了消费的性质……文化工业有意从上层将消费者整合起来"（1991：85）。

法兰克福学派坚持认为，文化工业通过生产以"标准化、刻板印象、保守主义、虚伪、被操纵"为特点的产品（Lowenthal，1961：11），努力使工人阶级去政治化；也就是说，它将视野限定为可在资本主义社会压迫和剥削框架内实现的政治和经济目标。里昂·洛文塔尔（Leo Lowenthal）认为，"每当革命倾向怯生生地探出头时，它们就会被财富、冒险、炽热的爱情、权力和感官享受等痴想的虚假满足所平息和打断"（出处同上）。简而言之，文化工业不允许"大众"拥有超越当下禁锢的思维。赫伯特·马尔库塞（Herbert Marcuse）进一步推进了这一论点，他认为资本主义通过文化工业推动了"消费主义意识形态"，这种意识形态勾起了虚假的需求，[1] 而这些需求作为社会控制机制发挥作用：

> 娱乐和信息产业（文化工业）所生产的诱人产品附带着既定的态度和习惯，以及特定的智力和情感反应，这些反应将多少有点愉悦感的消费者与

生产者绑定在一起，并通过生产者将之与整个产业绑定起来。产品操纵消费者，给他们洗脑；它们宣扬了一种不受自身虚假性影响的虚假意识……它成为一种生活方式。这是一种很好的生活方式——比以前好得多——而且作为一种好的生活方法，它不利于质变。因此，这催生了一种线性思维和行为模式，在这种模式中，如果思想、愿望和目标的具体内容超出了既定的话语和行动世界，那么它们不是被排斥，就是被简化为这个世界的言语。

（2002：14）

换句话说，资本主义通过文化工业的生产活动，为人们提供满足某些需求的手段，从而可以抑制更根本性的欲望。由此而来的必然结果就是，或者据说是，劳动人民的政治想象力受到了阻碍。资本主义下的工作使我们的判断力变得迟钝；对文化工业产品的消费延续着这样的过程："整个文化工业承诺让人们从每日乏味无趣的工作中逃向……同样乏味无趣……［的］天堂……逃离……预先就被设计为回到原点。快乐本应帮助人们忘掉顺从，却反而促使人们顺从"（Adorno and Horkheimer，1979：142）。简而言之，工作使人们走向大众文化，对大众文化的消费使人们返回到工作。法兰克福学派认为，通过这种方式，资本主义下的工作和休闲形成了一种环环相扣的关系：文化工业的作用由工作性质来保证；工作过程确保了文化工业的效果。因此，文化工业的功能归根结底是像资本主义工业化安排工作时间一样安排休闲时间。

尽管法兰克福学派的消费理论（尤其是指工人阶级的消费）颇具马克思主义式的复杂精妙，但它终究是来自上层的（关于"我们"和"他们"的话语）讨论他人文化的保守主义话语。此外，这种分析形式几乎没有留下与消费进行批判性接触的空间，也就是说，我们在提问之前就知道所有答案。对法兰克福学派来说，消费是被动的；它的含义及其产生的影响可以通过对生产的批判性理解来说明。它鼓励人们详细了解生产的运作方式，同时暗示仓促的社会学概览就足以理解消费活动。通过分析生产活动，就可以理解消费，只是需要更复杂的解释。法兰克福学派倡导的分析模式的问题在于，它只涉及消费过程的起因。借用斯图尔特·霍尔的话，将法兰克福学派所描述的内容看作"首先是由经济所决定的事物"（1996b：45）更易于理解。经济条件确实存在，对经济简化论①（economic reductionism）的担忧并不会消除这

---

① 经济简化论也可称为"经济决定论"，该理论认为所有社会现象都是由经济导致的。——译者注

些经济条件。但我们不能只是通过详细列举这些经济条件，从而了解这些经济条件如何转化为一系列商品；还需要了解人们选择、使用和消耗这些商品的多种方式（见第六章和第七章）。同时还要充分认识到，个人消费者可能并非只会接触文化工业生产的商品。首先，消费总是发生在某个情景下（即社交空间，通常包含其他人和其他商品，在这里，可能会出现相反观点，或者只是试着削弱竞争产品吸引力的观点）。其次，消费者不是一张白纸，而是做出具体消费行为的人，他们有着其他的消费历史，这些历史可能会对当前的消费产生影响。

阿多诺认为消费总是被动的，它只不过是接受产品单一的预定意义。他对一部美国情景喜剧的论述非常清楚地表明了这一点。这部剧讲述了一位年轻教师的故事，她被校长拖欠工资，还一直被罚款。因此，她身无分文，也没有食物。故事情节的幽默之处在于她试图以牺牲朋友和熟人为代价来换取一顿饭。根据阿多诺的说法，"剧本表明了"：

> 如果你像她一样幽默、善良、机智、迷人，那只有一份不足温饱的工资也不用担心……换言之，剧本用了精明的手法来使人适应丧失尊严的境况。它将丧失尊严的境况客观地呈现为滑稽可笑的场

景，同时所描绘的这个人即使处于捉襟见肘的状
况，也依旧是心中毫无怨恨且引人发笑的人。

（1991：143-144）

对阿多诺来说，这是观众解读该节目的唯一方式。德
国剧作家贝尔托·布莱希特（Bertolt Brecht）的评论指出了
另一种解读方式，它表明观众没有那么被动。布莱希特在谈
到自己的戏剧《大胆妈妈和她的孩子们》（*Mother Courage
and Her Children*）时表明，"在我看来，即使大胆妈妈没有
学到任何东西，至少观众可以通过观察她来学到一些东西"
（1978：229）。同样的观点也可以用来评价这位教师的行为。
只有假设这部剧向被动的观众强行规定了意义，阿多诺才能
如此确定它将如何被解读。在第七章中，我们将探究当以不
同假设展开论述时会得出什么结果。另请参阅本章最后一节
米歇尔·德·塞尔托的论述。

作为沟通的消费

大约在 19 世纪之交，托斯丹·凡勃伦于 1899 年在美国
发表的著作和格奥尔格·齐美尔于 1903 年和 1904 年在德国
出版的作品，均探讨了城市中产阶级全新的消费模式。这两

位学者的思想均对社会学的发展产生了深远的影响，尤其是在理解作为沟通过程的消费方面。

凡勃伦认为，他所说的有闲阶级，为了确保和展示其全新的社会地位，试图把通过商业成功获得的东西呈现出来，就好像他们天生就拥有这些东西一样。"炫耀性消费"（conspicuous consumption，他创造的术语）是将这一事实传达给其他社会阶级的可用手段。他反对这样一种观点，即这只不过是一种无害且无关紧要的展示。凡勃伦认为，炫耀性消费的社会展示正是权力的盛会；可以从社会展示的声望中生长出权力。此外，他坚持认为"有闲阶级的生活规划……将强制性影响"整个社会（1994：83-84）。"有闲阶级在声望方面处于社会结构的顶端；因此，该阶级的生活方式和价值标准为社会设定了声望标准"（1994：84）。如此一来，有闲阶级的榜样行为将社会的能量从生产性工作转移到炫耀性消费的挥霍展示中。

他举例说明了炫耀性消费之准则对女性之美的理想形象造成的扭曲性影响。例如，纤细和娇小的女性形象被用来向世界显示有闲阶级的女性不从事生产性工作。这样一来，女性就沦为"代理满足式消费"（vicarious consumption）的象征。女人不过是用人，其职责是在公众面前展示主人的经济实力。根据凡勃伦的说法，"她无用且昂贵，所以作为金钱实力的证明，她有着宝贵的价值"（1994：149）。女人学会遵从这个标准，男人学会把女人的顺从理解为女性美的典范。男性的着装模式也无法逃脱有闲阶级对得体和品位的要求。男性服装必须显示出毫无经济压力的消费能力，而且必须显示出着装者没有从事生产性工作。正如凡勃伦所解释的那样，"优雅的穿着之所以能展现出优雅，不仅因为它很昂贵，而且因为它是有闲的象征。它不仅表明着装者有能力消费相对较贵的衣物，同时也表明他只消费而无须从事生产活动"（1994：171）。[2]

在一篇题为《大都市与精神生活》（*The Metropolis and Mental Life*, 1903 年首次发表）的文章中，德国社会学家格奥尔格·齐美尔从世纪之交柏林全新且独特的城市文化中发现了类似的行为模式。面对城市生活的匿名性，新城市中产阶级采用特定的消费模式来维持和展示个性。正如他所注意到的那样，"现代生活中最深层的问题在于面对压倒性的社会力量时，个人主张保留其存在的自主性和个性"（1964：409）。面对"在大都市生活中难以维持自身个性的困境"（1964：420），中产阶级的个人"倾向于采纳最具争议性的个性……奢侈成风、反复无常和不稳定"（1964：421）。齐美尔认为，这种行为的"意义"不在于其具体内容，而在于其"'与众不同'的形式，即以惊人的方式脱颖而出，从而吸引别人的注意"（出处同上）。

齐美尔在一篇关于时尚的文章（最初发表于1904年）中进一步探讨并阐述了这些想法。在这篇文章中，他认为现代城市社会的特点是"两种对立原则"之间紧张关系的加剧，他声称，这两个原则支配着人类的历史发展——即"一般化"和"特殊化"原则（1957：542）。齐美尔认为这些原则体现在两种类型的个人身上，即"模仿者"和"目的论者"。正如他所解释的那样，"模仿者是被动的个体，他相信社会相似性，努力使自己融入现存部分；而目的论者总是在尝试，总是在无休止地奋斗，他依靠的是自己的个人信念"（1957：543）。时尚是由持续的模仿和差异化的社会循环驱动的。对齐美尔来说，社会运作中可以体现这些原则的最佳例子便是时尚。此外，这一过程的成功取决于两类人的积极参与，即模仿者（他们追随时尚，从而满足他们的融入需求）和目的论者（他们鼓动时尚，从而满足他们的创新需求）。更一般地说，作为一种社会实践，时尚的运作方式如下：下层群体通过模仿最邻近的上层群体的着装规范和行为模式来设法提高自己的社会地位；然后，上层群体被迫寻求新的时尚，以维持社会差异。正如齐美尔所解释的那样，"社会上层群体的时尚与下层群体的时尚从来都不一样；事实上，一旦后者准备采纳某种时尚，这种时尚就会被前者抛弃"（出处同上）。如此一来，他认为，"时尚……是阶级差异的产物"（1957：

544）。当然，时尚永远不仅仅是产品，通过包容和排斥的策略，时尚还扮演着生产者的角色。通过标记和维持它所部分依赖的社会差异和区隔，时尚有助于再生产社会权力和特权。正如齐美尔所指出的那样，"时尚……意味着与同一阶级的人团结在一起，意味着以时尚为特点实现圈子的统一，意味着……排斥所有其他群体"（出处同上）。重要的不是时尚的内容，而是社会差异。正是时尚显示并帮助维持了这种社会差异。

> 一旦下层阶级开始复制他们的风格，由此越过上层阶级划定的界限，破坏他们连贯的统一性，上层阶级就会放弃这种风格，采用新的风格，这反过来又将他们与大众区分开来。
>
> （1957：545）

凡勃伦和齐美尔的研究与 21 世纪盛行的对消费的批判性理解有相关性，考虑到这一点，我们必须充分认识到他们两位的研究所处的历史位置及其试图解决的历史问题。这就提出了一个问题，他们的批判性洞察对于理解当代消费活动是否还有价值？答案是肯定的。[3] 总的来说，他们所发现的行动和动机，如果说与当下有什么不同的话，那就是这种现象在当下更为普遍。但矛盾的是，这就是问题所在。简而言之，如今所有社会阶级的人显然都会使用消费来标记他们与其他消费者的差异性和相似性。同时，齐美尔关于时尚的一般性论点不再只适用于富人。但如果天真地以为可以将他们的论点转用到当代人身上，那也是有问题的。也许最值得注意的是他们的假设，即现代城市社会有共同认可的品位等级制度，而这反映了人们共同认可的社会阶级等级制度。换句话说，那些处于底层或中层的人，被假定为力求与上层阶级相像。这是非常线性的消费模型，它不认为除上层阶级之外的其他阶级会争着显示自身的与众不同，也不认为时尚有可能来自底层和中层。这个模型简单地认为，处于底层或中层的人总是试图模仿在阶级结构中处于顶层的人。但在此之外，更重要的是必须扩大考察范围，探究谁会参与到炫耀性消费以及模仿和差异化的实践之中。这种炫耀活动不再局限于社会阶级层面。它也可以用来标记社会性别、种族、世代和性取向的差异。

余利安妮[①]（LiAnne Yu）对凡勃伦的论点做了些有趣的修改，借此探讨了中国的奢侈品消费。她没有采用炫耀性消费这个概念，尽管该概念经常被用来解释中国消费者的奢侈品消费行为，而是使用了"炫耀性成就"（conspicuous accomplishment, 2019：135）一词。正如她所解释的那样，

---

① 此处名字为音译。——译者注

"中国人的消费行为并不是要展现游手好闲和放纵，而是要展现通过个人努力和辛勤工作获得的成功。中国消费者试图通过奢侈品的象征意义来展现的，实际上是他们自己取得成就的能力"（出处同上）。

对于正在写"有闲阶级"的凡勃伦来说，炫耀性消费所传达的是"一直如此"的感觉：一个与生俱来的位置，与工作或努力无关。与此相反，余利安妮认为，在中国，消费者想要传达的是上进心，他们根本不会试图掩盖自己所付出的努力和劳动。正如她所解释的那样，"中国的消费者不会试图掩盖自己的辛勤劳动，也不会掩盖自己出身贫寒的事实。事实上，这种上进心和企业家精神的叙事比游手好闲的姿态更被尊重"（2019：137）。我们所看到的不是有闲阶级，而是充满上进心的新型"工人阶级"。[4]

与凡勃伦和齐美尔勾勒的立场形成鲜明对比的是，玛丽·道格拉斯和巴伦·伊舍伍德对"模仿、嫉妒和争强好胜的意图推动了消费"（1996：xxi）这一观点的反对。他们不觉得消费是为了模仿和排斥，而是将消费视为一种沟通方式，认为它与"稳固文化范畴并使其可见"（1996：38）更相关。根据道格拉斯和伊舍伍德的说法，因为商品具有表现力，所以可以将它作为与他人交流的象征性手段。正如他们所说，"商品是实时信息系统的一部分"（1996：xiv）。尽管

"商品是中性的，但其用途是社会性的；它们可以用作围栏或桥梁"（1996：xv）。正如他们所解释的那样，"就维持人的生命而言，身体需要饮食；但就社会生活而言，则需要团结一致、寻求支持、报答善意，这对穷人和富人来说都适用。"（1996：xxi）"信息系统"中对象的符号价值不是对象本身所固有的。价值是"由人类的判断所赋予的"（1996：xxii）。为了理解某个对象的价值，就必须将其定位在整个信息系统中。同样的，商品自身并不会沟通，它们"像旗帜一样"传达信息（1996：xxiv），因此需要人类主体主动发挥能动性。但正如他们所坚持的那样，"消费品绝对不仅仅是信息；它们构成了系统本身。将它们抽离人类交往活动，就会毁掉整个系统"（1996：49）。如此一来，"消费正是争夺和塑造文化的竞技场"（1996：37）。正如他们所注意到的那样，

> 带着购物篮的家庭主妇回到家，篮子里有些东西是她留给家人的：有些给父亲，有些给孩子，其他东西是留着特别款待客人的。她邀请谁到家里做客，家里的哪些地方向外人开放，多久邀请客人一次，她为客人准备什么样的音乐、食物、饮料和对话，这些选择都体现并生成了一般意义上的文化。

> （出处同上）

他们没有将商品消费视为"主要用于维持生计［经济理论］外加竞争性展示［凡勃伦和齐美尔］"的事物，而是认为商品消费"有着维持生计和划定社会关系的双重作用"（1996：39）。作为一种沟通模式，"消费的本质功能源于它能够承载意义"（1996：40）；因而能够"建立和维持社会关系"（1996：39）。此外，我们必须摒弃满足身体需求的商品（例如饮食）和更能迎合我们审美倾向的商品（例如读诗、看电视）之间的"虚假区别"。因为正如他们所坚持的那样，"所有商品都有意义"（1996：49）。此外，"在商品之间做出的所有选择都是文化的结果，也造就了文化"（1996：52）。例如，如果我邀请朋友共进晚餐，我提供的食物和饮料不会是随机选择的。我之所以选中它，不仅是希望它能让人大快朵颐，还因为它能传达我精心安排的夜晚所包含的某种信息。我可能会邀请同一群朋友共进晚餐庆祝生日，也可能会邀请他们来观看曼联球队在冠军联赛①中的比赛，但我每一餐都会提供适合这个场合的食物和饮料。换言之，在每一餐中，被选的食物和饮料都传达出不同的意义，而活动的意义在一定程度上正是通过这些不同的意义被构建起来的。这样

---

① 冠军联赛（Champions League）：全称为欧洲冠军联赛，欧洲足球协会联盟主办的年度足球比赛。——译者注

一来，我们消费的东西对我们的夜晚来说并非无足轻重，而是事件意义的基础。

因此，要充分理解作为沟通方式的消费，我们就必须将其视为一种语言："忘记商品可用于吃、穿和住，忘记它们的实用性，而是想到商品有益于思考，将它们视为人类创造力的非语言媒介"（1996：40–41）。消费活动是"与其他消费者共同创造价值体系。人和事件的分类处于不断变化的过程中，通过商品，消费使该过程中一组特定的判断变得稳固和可见"（1996：41）。消费是一种"仪式活动"（1996：45），在其中，人们消费是为了与其他消费者交流，这些消费行为的转变累积使文化得以形成。支撑了这个系统并在根本上赋予其意义的是潜在的认知秩序，消费最终真正传达的也是该秩序。正如他们所解释的那样，"要找到划分商品的真正依据，就必须追踪社会中一些潜在的划分"（1996：68）。

在与凡勃伦和齐美尔的研究相似，但比两者都复杂得多的论点中，法国社会学家皮埃尔·布尔迪厄阐述了特定的消费模式如何生产文化资本，并被用于生成、标记和维持社会区隔。道格拉斯和伊舍伍德将消费视为"社会中某些潜在划分"的中性支撑，布尔迪厄则坚持认为消费是社会阶级之间和社会阶级内部斗争的重要领域。尽管与道格拉斯和伊舍伍德一样，布尔迪厄也将消费视为沟通的方式，但他坚持认为消费不是涉及潜在认知秩序的礼貌对话，而是关于阶级差异和阶级区隔的激烈争论。他认为，人们的消费行为不仅反映了根植于别处的区隔和差异——如道格拉斯和伊舍伍德所说，消费使这些区隔与差异可被看见——而且消费使差异和区隔得以产生、维持和再生产。换句话说，消费并不能反映社会秩序，而是使社会秩序得以出现并合法化。与凡勃伦一样，他试图证明支配阶级的消费行为是社会空间等级化战略的一部分。然而，凡勃伦几乎只关注有闲阶级，布尔迪厄则认为，消费差异始终是支配阶级和从属阶级之间斗争的重要方面。他说明了随性的品位和随性的生活方式如何持续转变为正统的品位和唯一正统的生活方式。"'本质性区别'的幻觉在根本上来源于支配者的权力，他们通过自身的存在强加了一种优越的定义，而这一定义不过［是］他们自己的生存方式"（1992：255）。换句话说，支配阶级试图强加自己的品位，就好像这些品位其实是普遍品位一样。[5]

布尔迪厄的关注点在于这个过程，即消费模式有助于确保并合法化植根于经济不平等的权力形式和支配形式。换句话说，他认为，尽管阶级统治归根结底是经济上的，但它所采取的形式是文化上的；消费模式被用来确保社会区隔，生成、标记和维持社会差异。因此，社会差异和社会权力的来源象征性地从经济领域转移到消费领域，使社会权力看起来像是特定文化倾向的结果。通过这种方式，文化空间的生产和再生产促进了社会空间、社会权力和阶级差异的生产和再生产。因此，布尔迪厄的目的并不是证明不同阶层有不同消费模式这一不言自明的事实，而是为了说明消费（从高级艺术到餐桌上的食物）如何塑造一种独特的社会区隔模式，同时找出和质疑生成和维持区隔的过程。正是这些过程确保并合法化根植于经济不平等的权力形式和控制形式。他感兴趣的不是实际的差异，而是支配阶级如何将这些差异用作社会再生产的手段。只有通过"让审美消费野蛮地重新融入普通消费领域（它无休止地根据自身的对立面定义自己）"（1992：100），我们才能充分理解消费的社会和政治作用。正如他所坚持的那样，"除非'文化'，在普通用法的限制性、规范性意义上，被还原为人类学意义上的'文化'，并且将对最精致物品的考究品位与对食物味道的基本味觉重新联系起来，否则人们就无法充分理解文化活动"（1992：1）。

　　布尔迪厄坚持认为，品位永远不仅仅只是一种审美范畴。正如他所指出的那样，"品位有不同分类，也会分类对其进行分类的人"（1992：6）。我们按照自己的分类标准被分类，也按照别人的分类标准来对他们进行分类。如此一来，他会争辩说，当我"偏爱"一个度假胜地或一种特定的穿衣方式时，分类的情况会出现。当我'偏爱'约翰·克莱尔（John Clare）的一首诗、鲍勃·迪伦（Bob Dylan）的一首歌或贾科莫·普契尼（Giacomo Puccini）的一部歌剧时，也会出现分类的情况。这种对偏爱与否的评定从来都不是简单的个人品位问题；消费既是为了识别和标记社会区隔，也是为了维持社会差异。虽然这种分类策略本身不会产生社会不平等，但它们的生成、标记和维持功能有助于使这种不平等合法化。从这个意义上讲，品位完全是意识形态话语；它是"阶级"（此处该术语有双重意义，即社会经济类别和特定品质水平①）的标志。他认为，消费归根结底"倾向于……履行使社会差异合法化的社会功能"（1992：7）。[6]

对布尔迪厄来说，艺术消费是所有消费形式的典范。品位等级制度的顶峰是"纯粹"的审美凝视——这是一项历史发明——它强调审美距离，强调形式而非功能。审美距离实际上是对功能的否定：它坚持"如何生产"而不是"生产什么"。这类似于两种判断方式的区别，一种判断方式认为餐点的好坏取决于价格和分量是否经济实惠，另一种判断方式则认为餐点的好坏取决于上菜方式、餐厅地点等因素。"纯粹"的审美凝视随着文化领域（在其中，文本和实践被划分为文化和大众文化）的出现而出现。[7]两者实际上相互保证

---

① 这里指"class"的另一层含义，即高雅、优雅。——译者注

了彼此。布尔迪厄将美术馆视为审美凝视和文化领域的建制化。一旦进入美术馆，艺术就失去了所有先前的功能（除了仅仅作为艺术的功能），变成了纯粹的形式："尽管最初从属于完全不同的甚至不兼容的功能，但这些并列展出的作品心照不宣地要求关注形式而不是功能，关注技术而不是主题"（1992：30）。例如，在美术馆展示汤羹的广告是美学案例，而出现在杂志上的同一则广告就是商业案例。这种区别的效果是打造"一种类似于实体变化（transubstantiation）的本体论提升"（1992：6）。正是这种区别的建制化催生了他所说的"天生品位的意识形态"，即对于平庸大众来说，只有天生有天赋的少数人才懂得真正的"欣赏"。奥特加·伊·加塞特（Ortega y Gasset）精确地指出了这一点："艺术有助于'最优秀的人'在灰暗的人群中区分和辨别彼此，并知悉他们的使命，那就是即使我们人数稀少，也必须与人群对抗"（引用于 Bourdieu，1992：31；另见 Storey，2003）。[8]

正如布尔迪厄所指出的，"如果不描述它切身反对的幼稚凝视，就很难描述'纯粹'的凝视"（1992：32）。幼稚凝视当然是大众审美的凝视：

> 肯定艺术与生活之间的连续性，意味着形式
> 从属于功能……对拒绝态度的拒斥正是高审美的起

点，即普通倾向与特殊审美倾向的明确分离。

（1992：32）

纯粹审美与大众审美之间的关系，必然不是平等的关系，而是支配与被支配的关系。大众审美强调功能而非形式，它必然是偶然的、多元的，与之相反，纯粹审美明确坚持其所谓的超越普遍性。布尔迪厄认为这两种美学表达了必然和自由这两个独立但有关联的领域。如果没有破译艺术"密码"所需的文化资本，人们在社会上很容易受到那些有文化资本的人的轻视怠慢。原本是社会性的事物被呈现为天赋，却又反过来被用于合理化社会性的事物。与其他意识形态策略一样，"天生品位的意识形态之所以具有合理性和有效性，是因为……它将真正的差异天然化，将文化获取模式的差异转化为天然的差异"（1992：68）。因此，审美关系模仿并再生产了权力的社会关系。正如布尔迪厄所注意到的，

审美上的不容异己可能是极为暴力的……对于那些认为自己拥有正统文化品位的人来说，最不能容忍的事情是多种品位的亵渎性再次结合，而他的品位决定了这些品位应该被分隔开。这意味着艺术家和唯美主义者的活动以及他们为垄断艺术正统性

而进行的斗争并不像看上去那么清白无辜。在每一
场关于艺术的斗争中，都有对生活艺术的强制要求，
也就是说，将一种随性的生活方式转变为正统的生
活方式，使其他所有生活方式都变得随性。

（1992：57）

布尔迪厄在消费方面的研究是以他的教育观为基础的。
教育不是减少不平等的手段，而是使不平等合法化的手段。
他认为，教育系统履行了一项相当具体的社会和政治功能：
使其运作之前就已经存在的社会不平等合化法。它通过将社
会差异转化为学业差异来实现这一点，并将这些差异视为
"植根于本性"（1992：387）。支配阶级的文化品位被赋予
了制度形式，然后，通过巧妙的意识形态把戏，他们对这种
制度化文化（即他们自己的文化）的品位被视为他们具有文
化优越性的证据，最终证明了他们的社会优越性。按照这种
解读，社会区隔是由习得的消费模式造成的，而这些习得的
消费模式被内化为"天生"的文化偏好，并被解读和组织为
"天生"具有文化素养的证据，这些文化偏好和文化素养最
终被用来为阶级统治形式辩护。为了充分理解这一点，我们
需要了解布尔迪厄所区分的三种类型的资本——经济、社会
和文化。在资本主义社会中，货币、财产等形式的经济资本

可以购买到使用文化和社会资本的机会。公然建立在经济资本积累之上的等级制度很容易受到质疑，而文化和社会资本以文化和社会等级制的形式再生产了经济统治，从而掩盖并合法化了经济统治。布尔迪厄在消费方面的研究的重要成就之一是，在引入文化资本和社会区隔等重要概念的同时，使日常生活中的政治实践清晰可见，而这些现象原本很少被视为政治实践。[9]

作为游猎的消费

法国文化理论家米歇尔·德·塞尔托也质疑了"消费"一词，从而揭示了经常隐藏在消费行为中的活动，或者说是他更愿意称之为"二次生产"的活动（2019：603）。正如他所说，消费"狡猾而分散，但它无处不在，悄无声息且几乎无形，因为它并不通过产品来显露自身，而是通过使用由占主导地位的经济秩序所强加的产品的方式来显露自身"（2019：602）。对德·塞尔托来说，消费领域是强加的"战略"（生产）和使用的"策略"（消费或"二次生产"）之间不断发生冲突的场所（悄无声息且几乎无形）。社会学家必须时刻注意"生产……与……隐藏在使用……过程中的……二次生产之间的差异或相似性"（2019：603）。他将对文本的积极消费描述为"游猎":"读者是旅行者,他们跨越属于他人的土地,就像游牧民族在不是他们写就的田野上游猎一样"(1984:174)。这种将阅读视为游猎的主张显然是在拒绝某种理论立场,该理论立场认为文本的"信息"是强加给读者的。他认为,这种主张对消费过程有着根本性的误解。这种"误解认为'理解吸收'必然意味着与他所吸收的东西'变得相似',而不是'使之与自己相似',成为自己的东西,为己所用或改造后再利用"(1984:166)。在《文化理论与大众文化导论》(Storey,2019:227)一书中,有一张中国青岛雕塑的照片。该雕塑中有形形色色的中国公民,他们走进一间可口可乐屋,出来时却变成一模一样的可口可乐小人。这件艺术品背后的假设是,消费美国的文化使中国公民美国化。换句话说,我们变成了我们所消费的东西。这个结构没有能动性(这让人想起前面讨论过的阿多诺)。此处应当重提德·塞尔托的观点,这也是值得重提的。这种"误解,认为'理解吸收'必然意味着与他所吸收的东西'变得相似',而不是'使之与自己相似',成为自己的东西,为己所用或改造后再利用"(1984:166)。例如,在中国,他们会在可口可乐中加入新鲜生姜再一起煮沸,制成据说可以缓解感冒的饮料,但也可以只作为美味的热饮享用——这正是为己所用而非美国化的例子。

游猎行为总是与文本生产者的"教条经济"（scriptural economy，1984：131–176）和那些建制化的声音（教师、讲授者等）存在潜在冲突，他们通过坚持作者和 / 或文本意义的权威性，从而限制并限定"未经授权"的意义的生产和流通。这样看来，德·塞尔托的游猎概念是对传统阅读方式的挑战，在传统阅读方式中，阅读的目的是被动接受作者和 / 或文本的意图：也就是说，在这种阅读方式中，阅读被简化为有关"对"或"错"的问题（可以由老师或讲授者等证实）。他提出一个有趣的发现，即只有受过训练的评论家才能看穿包含隐藏含义的文本的意图，而这有助于维持教学和学术生活中的特定权力关系：

> 这部小说判处读者有罪，因为他们面对宝库中无声的"财富"时，总是会因为不忠或无知而有罪……在文字中暗藏"宝库"的小说是充满意义的坚固盒子，它显然没有以读者的能力为基础，而是以过度指定自身与文本关系的社会制度为基础。阅读像是被一种强制关系（教师和学生之间……）打上印记一样，成了这种关系的工具。
>
> （1984：171）

这反过来可能会催生一种教学实践，在其中，"学生……被轻蔑地赶回去，或是被巧妙地哄到老师所'接受'的意义上来"（1984：172）。这通常深受我们可以称之为"目的决定论"（object determinism）的观点的影响：该观点认为事物的价值和意义是事物本身所固有的。这种立场可能导致一种研究方式，即特定文本和实践被过早判断为不属于学术界正统的关注对象。与这种思维方式相反，我认为真正重要的不是研究对象，而是以何种方式研究这一对象。此外，这种学术上的傲慢自大在关于消费的社会学研究中毫无立足之地。

注释

1　关于"真实"需求和"虚假"需求两个概念的人类学批判，请参阅马歇尔·萨林斯（Marshall Sahlins，1976）。

2　英国保守党议员雅各布·里斯–莫格（Jacob Rees-Mogg）就是当代的典型案例，他被困在有闲阶级的体面和品位准则中。

3　弗兰克·特伦特曼有着相当奇怪的判断逻辑，他似乎认为，因为在凡勃伦写作那本书的时代，"人们花在衣服上的钱比花在住房上的钱多"（2017：339），所以凡勃伦的主张不再有效。特伦特曼相当傲慢自大地斥责了那些仍认为凡勃伦的作品有价值的人，认为他们"这些理论工作者……致力于研究的消费者只不过是买了别的牌子的手提包而已"（出处同上）。这体现了他彻底误解了社会学和文化研究中的消费研究。

4　但是，展示炫耀性成就是被明确限制的。2021年3月，抖音（TikTok中文版）上约有4000个账号因"非理性炫富"和"拜金"而被删除，这些账号上传了"精英们白手起家的故事"的短视频。

5　这与马克思和恩格斯所说的阶级权力有一定的相似之处："统治阶级……被迫……将其利益呈现为社会所有成员的共同利益……从而为他们的思想赋予了普遍性的形式，并将其呈现为唯一合理的、普遍有效的思想"（2019：55）。

6　马尼沙·阿南塔拉曼（Manisha Anantharaman）举了相关例子，在印度班加罗尔，中产阶级专家开始骑自行车，以展示对保护环境的投入。但为了区别于那些别无选择只能骑自行车的人，他们选用了昂贵的西方自行车及配置。通过这种方式，他们改变了自行车运动的意义。正如一位受访者所阐明的那样："这些自行车的昂贵价格是很有用处的……这就能［让］他们身边的人知道，如果他们愿意，完全买得起汽车"（引用于 Middlemiss 2018：129–130）。关于引用布尔迪厄的观点讨论环保积极分子和自行车的研究，参阅霍顿（Horton，2003）。

7　关于该分支创造力的讨论，参阅斯托里（2003；2010）。

8　作为一个学童，你可能读过苏斯博士（Dr. Seuss）的《史尼奇》（Sneetches）。它讲述的故事与布尔迪厄的理论非常相似，在这个故事中，改变是为了生成、标记和维持社会区隔。它乌托邦式的结局刻画了后阶级社会。

9　有些时候，有的人声称，布尔迪厄所主张的消费生成并标记区隔的理论从根本上被所谓的"文化杂食者"动摇了，这些精英群体在高雅文化和流行文化之间穿梭消费。简单来说，有的人认为，由于精英群体消费流行文化，所以布尔迪厄的论点在当下不那么有效了。但文化杂食者并没有驳倒布尔迪厄的观点，反而证实了他的观点。文化杂食并不意味着阶级社会的终结，消费仍然是阶级再生产的产物，只不过是它的某种生成方式发生了变化。布尔迪厄很清楚支配阶级能够从流行文化中获得文化资本。这与文化如何被消费有关。仔细挑选并展览来自"下层"的文化进一步证实了他们拥有定义事物价值的能力。关于布尔迪厄和文化杂食者的讨论，参阅斯托里（2003）。

第四章

可持续消费与资本主义式消费主义

在本章中，我们探讨了资本主义与可持续消费理念之间的紧张关系。这将涉及部分看似杂乱无章的讨论，包括可持续消费、资本主义消费社会、广告、人类世（Anthropocene）和资本世（Capitalocene）。这些问题很复杂，因此，有必要涵盖许多领域，不断变化理论和历史位置，以明确消费、资本主义和气候危机之间的联系。

可持续消费

对于一些人来说，谈论消费是为了发现问题。即使不断扩张的消费迟早会遭遇有限星球有限资源的困境，但当今世界上确实还有大概高达 30 亿的人口，无法吃饱穿暖。他们遭遇的限制是政治和社会方面的。因此，解决消费问题不只是要减少消费，还涉及消费公平的问题。正如蒂姆·杰克逊（Tim Jackson）所指出的那样，"世界上最贫穷的一半人口的收入占全球总收入的比例不足 7%。相比之下，前 1% 最富有的人口的收入约占全球总收入的 20%，他们拥有全球近一半的财富"（2017：5）。关于全球不平等的数字简直令人震惊："最富有的 85 个人所掌握的财富相当于世界一半人口的总收入"（Klein，2015：123）。世界上最富有的 80 个人的总收入高于最贫穷的 4.16 亿人的总收入（Bonneuil and Fressoz，2017：70）。此外，不平等现象正在加剧。"在不到半个世纪的时间里，前 1% 最富有的人口的收入份额增加了一倍多。在过去 20 年中，发展中国家内部的收入不平等增长了 11%。即使在发达经济体内部，不平等现象也比 20 年前高出 9%"（2017：6）。正如拉杰·帕特尔（Raj Patel）告诉娜奥米·克莱恩（Naomi Klein）的那样，"即使美国的粮食多到不知道该怎么办，但仍有 5000 万人面临着食品不安全的问题"（Klein，2015：135）。英国通常被认为是世界上第五富有的国家，但根据下议院图书馆的数据，英国有 2200 家食品银行[①]，人们必须去那里领取他们买不起的食物。

简单来说，富人比穷人消费得更多，因此对环境的负面影响更大。全球 50% 的碳排放来自最富有的 10% 人口，而只有 10% 的碳排放来自最贫穷的 50% 人口（Middlemiss，2018：23）。据普林斯顿大学发布的碳减排倡议（Carbon

---

① 食品银行：专门接济当地穷人、发放食品的慈善组织。——译者注

Mitigation Initiative）估计，地球上最富有的约 6% 的人口对全球约 50% 的碳排放负有责任（参阅 Klein，2015：114）。正如克莱恩所解释的那样，"所以将人口控制作为气候变化解决方案的固执观点是舍本逐末和道德僵局……碳排放量增加的最主要原因不是穷人的生育行为，而是富人的消费行为。"[1]（2015：114）

可持续消费是指可以通过控制消费来应对气候危机。它通常将个人消费行为的转变视为该问题的解决方案。虽然我们确实都可以做出贡献，但若是认为这个问题是由个人的消费行为引起的，那就有严重的误导性了。转移重点是常见的策略，在这种策略中，起源于资本主义制度的问题被视为个人的责任。菲尼斯·达纳韦（Finis Dunaway）对这种观点进行了精彩的总结，"污染问题的解决办法……与权力、政治或生产决策无关；这只［是］个人在日常生活中如何［行动］的问题"（引用于 Mann，2021：60）。污染环境的企业及其大力资助的专家，即迈克尔·E. 曼（Michael E. Mann）所称的"拿钱办事的万能抵赖者"（2021：16），从属于"由化石燃料相关企业资助的气候变化抵赖机制"（2021：41）。他们"巧妙地转移了重点——受到枪支游说团体、烟草业，以及饮料公司的启发——旨在将责任从企业转移到个人身上"（2021：3）。[2]针对气候危机，他们提出了各种与个人相关的解决方案，包括买自行车、不坐飞机和吃素。尽管所有这些方案的确都有其优点，但仅靠它们并不能结束危机。这并不是说个人的行为不重要。它可以提高人们的认识，促进根本性变革，但是不能解决气候问题。教育和环境素养的确很重要，个人的消费选择也很重要，但如果资本主义不从根本上进行改变，继续鼓励并实施掠夺和污染，那我们就无法应对气候危机。

资本主义依赖于经济增长，而无休止的增长威胁着地球的生命以及我们的生存。在资本主义的体系中，资本不断搜寻获得更多资本的手段。对永久增长的幻想意味着先为少数人创造财富，而这些财富最终"涓滴"到多数人身上。但这个"最终"像是地平线，总是远在天边。简单来说，经济增长并不能减少贫困："尽管近几十年来经济出现了惊人的增长，但美国有4000万贫困人口，英国有1100万贫困人口——分别占各自总人口的12%和17%——占比与20世纪70年代持平"（Kallis et al.，2020：120）。因此，我们不应对下述事实感到惊讶，即"最贫穷的60%人口只获得了全球经济增长产生的全部新增收入的5%"（2020：121）。此外，"去增长（degrowth）不是强制贫困，而是渴望让每个人都能获得足够的保障，有尊严、无所畏惧地生活；体验友谊、爱情和健康；能照顾别人，也能得到照顾；享受闲暇时光和自然"（2020：

18-19）。减少工作量，多去修理、共享和重复使用一些东西。这些都是很值得做的事情，但它们本身并不能扭转气候危机。要扭转气候危机，就必须改变事物被制造的方式——改变生产方式。减少消费显然是解决方案的一部分，但是将此作为最终的解决方案具有严重的误导性。

资本主义消费社会

正如马克思在《资本论》起始句中所说的那样，"当资本主义生产方式占主导地位时，社会财富主要表现为巨量的商品堆积"（1976a：125）。

当这些商品成为社会认识自身的核心要素，并且逐渐使人们开始通过消费主义的语言看待彼此并与彼此互动时，我们所身处的就是资本主义消费社会。消费不再只是为了生存，它变成了社会成员的标志。社会身份不再由我们所生产的事物定义，而是逐渐变成对所消费的物品和消费方式的展示（见第二章）。

历史学家争论资本主义消费社会发源于什么时期。尽管现代和当代消费已被确立为批判性研究的领域，但对现代早期消费的探索仍处于起步阶段。安·伯明翰认为，造成这种现象的原因之一可在新近主流理论所推崇的历史叙述之中找到；这种观点认为，消费社会是晚期资本主义的产物。与此相反，伯明翰认为有理由将消费社会的诞生定位在17世纪。正如她所指出的那样，即将到来的资本主义统治不仅见证了生产的扩张，也见证了消费的快速增长。此外，她认为，在解读这些历史变化的过程中，我们忽视了消费，而这是"现代派理论家将消费社会设定在20世纪末"（1995：3）所造成的直接后果。她其实指的是弗雷德里克·詹姆森（Fredric Jameson，1984）。伯明翰坚持认为，我们必须拒绝消费社会只是晚期资本主义中的一个阶段的观点，而应将消费社会视为"资本主义所有阶段的内在本质，即使在最早期的阶段也是如此"（1995：4）。然而，她并不认为资本主义消费社会是庞大而僵化的整体，自17世纪发端以来一直不曾改变。

越来越多的历史学家像伯明翰一样，他们试图推行资本主义消费社会最早出现在17世纪的观点。历史学界另一项有影响力的研究指出，我们应该在18世纪寻找消费主义的起源。例如，J. H. 普拉姆（J. H. Plumb）满怀信心地断言，"在18世纪，空前绝后的经济和社会变迁席卷了英国，并使其成为第一个致力于在工业生产的基础上不断扩张消费的社会"（1982：316）。尼尔·麦肯德里克、约翰·布鲁尔（John Brewer）和J. H. 普拉姆也以类似的方式坚定地宣称，"18世纪的英格兰掀起了一场消费革命"（1982：1）。正如他们所解释的那样，比人类历史上任何时候都要多的男男女女享受着获得物质财富的体验。几个世纪以来一直是富人特权所有的物品，在几代人的时间里，史无前例地进入社会大部分阶层的消费范围，并且第一次成为大多数人的合理渴望。

（出处同上）

他们声称，18 世纪的消费革命是思维方式、零售技巧和各阶层经济繁荣各方面变化所带来的结果。麦肯德里克声称，"消费行为如此泛滥，对商业的接受如此普遍，以至于没有人……会质疑，到 1800 年，世界上第一个消费社会毫无疑问已经［在英格兰］出现了"（1982：13）。无论我们认为它始于 17 世纪还是 18 世纪，显而易见的是，资本主义消费社会的历史比许多观点所表明的要更长。[3]

推销资本主义

推销资本主义总是涉及推销全新消费身份的观点。正如本书在几个要点上所讨论的那样，消费和身份塑造之间存在着明显而复杂的关系。资本主义消费社会的发展是这种关系中的一个重要时刻。在 1747 年的文章中，理查德·坎贝尔

（Richard Campbell）嘲笑了那些试图在自己所选消费模式背后隐藏真实自我的人。

> 在这个大都市里，有许多人除了裁缝（Taylor）、女帽制造商（Milliner）和假发工匠（Perriwig-Maker）授予他们的东西，就没有其他本质存在。去掉这些不同之处，他们就会变成完全不同的物种；这个物种跟穿着衣服的那个自我完全不相关，就像他们跟莫卧儿大帝[①]完全不相关一样，在社会上就像木偶潘奇（Punch）一样微不足道，它们被剥夺了身上的提线，挂在一根钉子上。
>
> （引用于 McKendrick，1982：51）

这与之后关于消费和身份的观点（例如，参阅第二章朱迪斯·巴特勒的讨论）的不同之处就在于，真实自我是可以伪装和隐藏的这一观点。正如我们已经注意到的那样，这些对身份和消费的解释表明，我们在某种程度上是我们所消费的东西；身份不是以特定方式就可以装扮出来的本质，它是

---

① 莫卧儿大帝：在古印度的戈尔康达地区出产的大型宝石级金刚石。——译者注

我们成为并持续成为的东西；身份无关于我们是什么，而有关于我们正在成为什么，以特定的方式穿着打扮可能是该过程的一部分。斯图尔特·尤恩（Stuart Ewen）引用了心理学家弗劳德·亨利·奥尔波特（Floyd Henry Allport，写于1924年）的话，他认为"我们对自己的认识在很大程度上反映了他人对我们的认识……我对自己的看法更像是我所认为的邻居对我的看法"（引用于 Ewen，1976：34）。广告利用了这种自我概念，将所宣传的产品放置在自我一直处于他人注视之下的世界中，而唯一能切实抵御这种审查的办法就是使用提供给我们的产品去购买。资本主义和身份认同之间关系的重要时刻出现在19世纪百货公司的发展过程中。瑞士历史学家菲利普·佩罗（Philippe Perrot）以天翻地覆来形容法国百货公司带来的影响：它"带来了现代意义上的消费欲望、扩张的社会化需求在心理上的'腾飞'"（引用于 Laermans，1993：80）。

到19世纪末，百货公司已经成为都市购物的常见场所；例如，巴黎的乐蓬马歇百货（Le Bon Marché）、伦敦的哈洛德百货（Harrods）、曼彻斯特的肯达斯百货（Kendals）、利物浦的约翰·路易斯百货（John Lewis）、泰恩河畔纽卡斯尔的班布里奇百货（Bainbridge）、纽约的梅西百货（Macy's）和费城的沃纳梅克百货（Wanamaker）。正如雷切尔·鲍尔比（Rachel Bowlby）所解释的那样，在很短一段时间内，百货公司就成了 19 世纪末经济和社会生活中的重要机构之一；连同也在迅速扩张的广告，这一切标志着当代消费社会的开始。

（1985：3）

百货公司带来了我们现在认为理所当然的关于购物的许多原则。例如鲍尔比也指出，

免费进入或开放式入口的原则废除了以前进入商店就等同于要购物的道德等式。与此同时，有了公示标签的加成，固定价格的原则废止了原本侧重于付款的议价惯例。百货公司的店员从销售中获得佣金，所以他们更愿意奉承而不是争论价格：现在的顾客是服务对象，而不是议价对象。从表面上看，与店员的交流过程并不涉及金钱（尤其是因为要去商店里单独的地方付款）。人们如今可以随意进出，四处看看出出神，也许会购买商品。购物成为全新的资产阶级休闲活动——一种愉快地打发时间的方式，就像去剧院或参观博物馆一样。

（1985：3–4）

如此一来，商业话语已经从极力主张"立即购买特定物品"转变为试图催生和激发"自由浮动的欲望反应"（Williams，1982：67）。换言之，随着百货公司的出现，购物变得与购买脱节，这一发展趋势带来了四处看看的乐趣，"只是看看"第一次成为有关购物的词。[4] 歌舞杂耍演出里的歌曲《去购物吧》精妙地表达了这一想法：

> 购物是纯粹的消遣，
>
> 不用花什么钱，就能度过很美好的时光，
>
> 看店员礼貌地展示的每件漂亮商品。
>
> 那个真不错啊！太棒了！简直太美好了！
>
> 价格是多少？谢谢，我们改天再来。
>
> （引用于 Trentmann，2017：201）

正如鲁迪·拉尔曼斯（Rudi Laermans）所注意到的那样，"早期的百货公司率先将传统顾客转变为现代消费者，同时将'纯粹的商品'转变为壮观的'商品符号'或'象征性商品'。因此，它们奠定了我们依旧身处其中的文化的基石"（1993：94）。迈克尔·B. 米勒（Michael B. Miller）也提出了类似的观点，他明确提及了法国，但该观点也可以推广到西欧和北美的其他地区。百货公司不只反映了消费习惯的变

化，还积极且有力地促进了消费习惯的变化。"乐蓬马歇百货绝不仅仅是法国资产阶级文化的一面镜子，它塑造并规定了资产阶级生活方式的含义"（1981：182）。百货公司展示了这种生活方式；它的商品目录就像"文化启蒙读本"，向那些向往这种生活方式和这类独特身份的读者展示了，"他们应该如何穿着，如何布置自己的家，以及如何度过闲暇时光"（1981：183）。通过这种方式，这家百货公司印证了以下观点，即身份是可以购买的东西。斯图尔特·尤恩和伊丽莎白·尤恩（Elizabeth Ewen）称这种可选择的方法为"自我的商品化"（1982：215）。换句话说，为实现资本主义体系的再生产，必须生产资本主义式主体。

尽管百货公司后来被称为大众消费的显著特征，但它并不是这些发展的主要根源。在19世纪，购物行为总体上发展十分迅速，很快就不只是满足需求的手段，而被重新定义为受欢迎的休闲活动。随着西欧的城市化，也正是在这个时期，人们首次被描述为"顾客"。特伦特曼认为"小商贩、菜市场和合作商店全都创造性地回应了城市人口日益增长的需求"（2017：191）。正如他所指出的那样，

> 百货商店的销售额增长了，但许多竞争对手的销售额也增长了，从小商贩到合作商店都是如此。

> 在 1914 年的西欧，百货公司掌握的零售贸易不到
> 3%；在美国，这一数字略高一点。这些百货商店的
> 销售额很少能达到所有服装和家具销售额的 10%。
> 但竞争对手却没有因此麻痹大意。小商店数量成倍
> 地增加。
>
> （2017：205）

在 1914 年，合作商店"掌握了英国 8% 的零售总额，销售额为百货公司的 3 倍"（2017：206）。但二者发展的方向并不相同。百货公司代表着对资本主义市场的颂扬，而合作商店则是一种挑战，它是改革派解决迫切问题——商品和利润成了终极之善的代表——的替代方案。

广告是这些变化的基础。正如马克思所注意到的那样，每个资本家都强烈要求"他的工人存钱，但只针对他自己的工人，因为对他来说，他们是工人；但绝不针对剩下的工人世界，因为这些人对他来说都是消费者。因此，尽管他讲了那么多'道貌岸然'的话，但他还是在寻找刺激他们消费的方法，赋予他的商品新的魅力，通过不断唠叨等方式激发他们的新需求。"（1976a：287）。如今，"新魅力"和"不断唠叨"的需求竟然催生出相当强势的广告业，马克思肯定会对此感到十分惊讶。"唠叨"已经变得极为复杂巧妙。它主宰

了大多数电视频道。例如，美国黄金时段 41% 的电视节目中都有商业广告；在澳大利亚，每小时中就有 13 分钟的广告时间；而在英国，观众平均每天要看 48 个广告（Lewis，2013：64-65）。即使不看电视，也很难摆脱广告：在赞助播出和产品植入中、在广告牌和其他形式的标牌上、在互联网和广播上、在杂志和报纸上、在博文和手机中，我们都会看到广告。产品被编进电影的情节中，体育偶像在以品牌命名的体育场里穿着该品牌的衣服。广告业确实已经成为相当强势的行业。2018 年，美国排名前 200 的广告公司在广播、平面和电视广告上花费了 1630 亿美元（Hudson and Hudson，2021：73）。

正如我在第一章中所指出的那样，商品拜物教隐藏在对生产的社会关系的观察和理解之外。但我们还可以用另一种方式来看待商品拜物教。这涉及广告在其传播中所扮演的角色。广告采用商品的"物质外壳"（Marx，1976a：167），并试图通过为实用功能增加意义来提升销售额。它将商品转变为物神，赋予其神奇的力量，使对该商品的消费能给人带来吸引力、安全感、自由感和欲望。在别的文章中（Storey，2021a），我讨论了自 20 世纪 90 年代以来，某些非电动汽车如何在广告中被转化为物神：汽车被呈现在空旷的道路和荒芜的风景中，仿佛神奇地与自然和空间和谐共存。这种广告模式是对不断增加的负面宣传的回应，这种负面宣传已经吸引了汽油车和柴油车车主的注意力（尤其是在污染和道路拥堵方面）。为了防止这种宣传对汽车的销售产生不利影响，就必须驳斥这些批评。如果直接回应批评，那就有可能损害被宣传的汽车和潜在买主之间的关系。因此，在自然（未受污染的）和空间（不拥挤的）中魔法般地展示汽油车和柴油车，既回应了负面宣传，也不用冒不必要的风险让潜在买主看到这些批评。通过这种方式，在没有正式提及问题的情况下，广告就回应了批评。因此，对自然和空间的强调是对两个问题的回答（这两个问题在广告中没有被提及，但存在于策划广告的前提假设中）：买车会造成污染和道路拥堵吗？在没有提及问题的情况下，广告就给出了答案，即这些汽车就像有魔法一样，既不会造成污染，也不会造成或经历道路拥堵。

广告不是说出缺失之物的机制。广告并没有辨认出某种匮乏并让这种匮乏指向满足我们需求的产品；相反，广告对幻想的展示激发并培育了欲望。斯拉沃热·齐泽克（Slavoj Žižek）认为，幻想并没有实现欲望，而是对欲望的上演。正如他所解释的那样，

　　　幻想并不是上演我们的欲望得到实现、完全满

足的场景，相反，它是一种认识、组织欲望本身的
场景。精神分析的基本观点是，欲望不是预先给定
的东西，而是必须被建构的东西——而幻想的作用
正是为主体的欲望提供坐标，明确规定其对象，确
定主体在其中承担的位置。只有通过幻想，主体才
能被构造成欲望主体：通过幻想，我们学会了如何
建构和实现欲望。

（2019：436）

如此一来，"幻想空间就像是空洞的表面，投射欲望的屏
幕"（2019：437）。所以，尽管广告似乎总是需要匮乏，但
我们不应该将它视为缺失之物的被动追随者。与其思考匮
乏如何制造欲望，不如思考欲望如何制造匮乏。套用米歇
尔·福柯对权力的解释，我们应该把欲望看成是有生产力
的——它不仅缺失了某种东西，也带来了某种东西；它不
仅是由不在场的事物所驱动的，还是使某种事物在场的力
量。[5] 我的意思是，正是广告制造了欲望，而欲望又反过来
使我们看到我们认为自己缺失的东西。换句话说，广告不是
作为欲望的终点发挥作用，而是作为欲望开始实现的节点发
挥作用。它教会我们的不是欲望本身，而是看待世界和我们
所"缺失"的所有事物的新方式。正如伊恩·哈德森和马

克·哈德森所问，"跑鞋——表面上只是或多或少的橡胶和纺织品的功能组合——真的像营销人员所说的那样，可以将我与成就、决心、决断力、时尚、名望或运动能力联系起来吗？还是把我与女缝纫工的贫困和精炼石油的毒性联系起来了？"（2021：143）。广告不会将我们带到商品的物质外壳之下，在那之下，我们可能会看到剥削和环境污染；相反，它将商品用梦想和欲望包装起来，我们可以通过消费实现梦想和欲望。资本主义不能满足我们的幻想；它需要不断地将幻想表达出来以实现再生产。

广告不仅是消费资本主义的啦啦队，还是公司发展和赢利的基础。当列斐伏尔写到他所谓的"有说服力的消费意识形态"（2002：78）时，他所表达的就是这个观点，在这种意识形态下，人们被"设定"需要消费。我们被告知要买什么，最重要的是，我们被告知要购买。正如他所解释的，"旨在促进消费的宣传是消费商品的第一步"（2002：105）。这种意识形态有双重目的：它推销特定的物品，也推销特定的生活方式。通过它，"我们被告知如何才能生活得更好，如何穿得时髦，如何装潢房子，简言之就是如何生存；你完完全全被设定了"（2002：107）。因此，尽管被官僚主义控制的消费结构也许永远都不会完全消除人的能动性，但根据列斐伏尔的说法，我们仍然"完完全全被设定了"（出处同上）。

我们不必认同列斐伏尔那相当武断的悲观主义，就能认识到广告的双重目的。单个的广告旨在推销商品，但广告在普遍意义上有助于推销一种生活方式——资本主义消费社会。它试图确立对生活中的重要事物的独特控制权。它教导了人们对消费的欲望。虽然不想表明广告总会达到其目的，我们只不过是文化上的受骗者，但通过说服和操纵的过程，广告确实试图管理和组织资本主义市场。它无处不在，却又难觅踪迹，而无论在哪里，它都在传达同一种理念：买了这个商品，生活就会变得更好。[6]正如我们所指出的那样，广告所指出的每个问题，都能由商品来解决。在传达这种理念的同时，它传了另一种理念：资本主义是可以确保每个人都能幸福生活的生产模式。如果你还没有获得幸福，请不要担心——继续购买，因为"美好生活"就在柜台上。

因此，需要明确的是，资本主义消费社会不是被我们的消费欲望催生出来的，而是资本主义为了出售其产品创造出来的。资本主义生产活动需要大规模的消费。正如马克思所指出的那样，资本主义消费社会的产生是生产和消费共同作用的结果。

生产调节消费：它创造了消费的物质材料；没有它，消费就没有对象。但消费也调节了生产，因

为消费本身就为产品创造了产品所针对的主体。该
产品只能在消费中获得"最后的加工"……没有生
产就没有消费；没有消费就没有生产。

（1973：91，93）

资本主义式消费主义是一种意识形态，它通过让我们
（如今被重新定义为消费者而非公民）相信消费商品是文明
人的标志，同时每个问题和每种欲望都能由商品来解决，从
而使消费与生产相匹配。资本主义的成功靠的是鼓励人们认
同消费者的身份，说服人们将自己视为完全符合体系要求的
利己主义者。换句话说，资本主义不能满足我们的需求，它
试图说服我们为它的持续再生产效力。因此，资本主义之所
以没有成功，是因为人性中某些关键的进化特征。如果事实
确实如此，为什么这个体系花了这么长时间才出现？我们人
类的历史大约始于 30 万年前，而资本主义最多有 500 年的
历史。几乎 99% 的人类历史中不存在资本主义。这种人性进
化论的观点，就是在用懒惰的非历史思维思考问题。以这种
方式构建它，就会将它变成个人的问题。但是，这个体系的
存在本身就需要消费，这一事实应该使我们不再采用这样的
分析。一个鼓励自私自利的体系必然会生产并再生产自私自
利。我们看到的不会是人性的显现，而是以满足体系需求的

方式构建和塑造的人类行为。资本主义消费社会的根源不在我们的头脑中，而在特定生产方式的发展之中，这种生产方式极度贪婪又不负责任。如果是我们的人性推动了消费，资本主义就不必如此努力地确保我们继续消费。

人类世

人类世是生态学家尤金·斯托默（Eugene Stoermer）在 20 世纪 80 年代创造的术语（参阅 Ellis，2018；Purdy，2015）。[7] 它是一个地质年代①（geological time）新时期的名字，即人类的时代。正如埃勒·C. 埃利斯（Erle C. Ellis）所解释的那样，

> 你们星球的历史和你们在其中的角色正在被改写以容纳新的篇章；在这个篇章中，你们就是主角。我们人类（Anthropos）已经极大地改变了地球的运作方式，因此，为了分辨这种变化，科学家们现在提出了全新的地质年代时期：人类世。
>
> （2018：xv）

---

① 地质年代指地壳上不同时期的岩石和地层，在形成过程中的时间和顺序。——译者注

不过这个术语在 20 世纪 80 年代就已出现，之后由诺贝尔奖获得者，大气化学家保罗·克鲁岑（Paul Crutzen）于 2000 年向全世界宣告。正是在这个节点，"人类世"这一术语开始了从科学学科到人文学科，再到媒体和其他领域的话语流通过程。就像后现代主义和全球化等概念一样，人类世已经摆脱了学术的限制，走进了"普通读者"的谈话中。根据杰森·W. 摩尔（Jason W. Moore）的说法，"没有其他社会生态概念能如此吸引大众的注意力"（2016a：3）。

人类对地球的负面影响是巨大的，包括污染地球、损耗臭氧层、改变气候、酸化海洋、毁坏森林和其他自然栖息地，并且导致物种大规模灭绝。尽管这些问题都毋庸置疑，但当我们使用"我们"和"我们的"来揭示责任的来源时，必须十分小心地确定"我们"包含哪些人。我们都应该受到同样的谴责吗？对于大型化石燃料公司来说，这可能是一套很方便的说辞，但我们应该接受它吗？人类指的是谁？在人类世的叙事中，隐含着问题的答案，有时这个答案一目了然，也就是即使我们并不知情，也同样要为人类对地球造成的负面影响承担责任。正如历史学家克里斯托夫·博纳伊（Christophe Bonneuil）和让-巴蒂斯特·弗雷索斯（Jean-Baptiste Fressoz）所解释的那样，人类世已经有了官方的叙事："我们"，人类物种，无意识地破坏了自然，以至于强行使地球系统进入了全新的地质年代。在 20 世纪末，少数地球系统科学家终于让我们幡然醒悟。所以如今我们了解了情况；如今我们也意识到人类行为造成的全球性后果。

（2017：xii）

人类这一概念倾向于将人类简化为对气候危机负有同等责任的单一行动者。通过这种方式，这个概念往往掩盖了人与人之间的巨大差异，同时催生了一种观点，即我们全都要为少数有钱人的行为负责。例如，再次引用博纳伊和弗雷索斯的话，"一个典型的美国人……消耗的资源和能源是一个典型肯尼亚人的 32 倍。如果地球上的新人类出生在富裕国家的富裕家庭，其碳足迹[①]（carbon footprint）将比出生在贫穷国家的贫穷家庭高一千倍"（2017：70）。

人类世的概念不仅要求所有人都要为我们对地球造成的负面影响负责，而且它还要强调，长期以来，我们一直都视而不见。但"我们不该表现得像惊讶的天真少女突然发现她

---

① 碳足迹：个人或者团体引起的温室气体排放的总和。——译者注

们正在改变地球一样：将我们带入人类世的工业革命企业家们主动创造并塑造了这个新时代"（2017：xi）。正如博纳伊和弗雷索斯所解释的那样，"人类世的宏大叙事就是醒悟的故事。从 1750 年到 20 世纪末，我们很长一段时间都一无所知，随后突然醒悟了"（2017：73）。但事情并非如此："与其说这是从无知状态醒悟过来的故事，不如说我们很长一段时间都将知识和警示边缘化了……我们的星球之所以进入人类世，并不是因为对环境一无所知的狂热现代主义，而是因为几十年来对人类破坏地球的持续反思和关注"（2017：76）。在《人类世的冲击》（*The Shock of the Anthropocene*）一书中，博纳伊和弗雷索斯"探讨了自 18 世纪以来，为社会正义和环境尊严而战的'贫民环保主义'（environmentalism of the poor）的存在"（2017：253）。在抵制殖民剥削、抵制圈地运动、抵制禁入乡村 ① 以及抵制工业主义污染土地和河流的活动中，我们都可以看到它的身影。在这些及其他方面，地球被商品化了，那些直接体验到环境破坏的人抵制商品化。但是，"人类世的宏大叙事将人类分为两类：一方面，世界人

---

① 禁入乡村：在 20 世纪 30 年代的英国，环保主义者希望能让公众多接触乡村环境，但乡村土地所有者很少接受公共使用的要求。——译者注

口中蒙昧无知的大众，他们在毫无察觉的情况下成了改变地质的起因。另一方面，一小部分精英科学家揭示了地球突变和难以预料的未来。在前者中，我们看到的是被人口统计学、生物学和经济学物化的无自反性的群体；在后者中，我们看到了由知识分子后继者、先驱和顽固抵抗者共同谱写的理想主义历史"（2017：79）。换句话说，在人类世的宏大叙事中，对环境破坏的真正抵抗被遮蔽起来了。我们看到科学家，但我们从未看到当地人民与化石燃料行业做斗争，也从未看到活动家冒着失去自由的风险，阻止不必要但很有利可图的开发。当知识和追求利润交锋时，知识获胜的情况非常罕见。我们进入人类世并不是未被许多人注意的意外事件，而是"面对自由市场经济力量的政治失败"（2017：258）。正如救助组织（Salvage Collective）所说，人类世的概念代表了一种"政治逃避，藏匿了它对资本积累活动的必要关注"（2021：15）。2008 年金融危机后，我们都被告知这是一场集体性的失败，必须由所有人来承担。人类世的概念提出了大致相同的主张。

我们都被要求承担责任，却从没有被邀请共享利益。利润是个体化的，而负面影响是社会化的。但我们不应忽视一个残酷的事实，即对气候危机责任最小的人最容易受到其影响。全球最贫穷的 10% 人口排放了约 1% 的由人类引起的温

室气体，而最富有的 10% 人口则排放了约 50% 的温室气体
（Watson，2019：343）。因此，我们应该拒绝人类世所宣扬
的有误导性的普遍主义。指责那些无权势的人就是保护那些
有权势的人。将它说成是"消费者"个人责任的意识形态优
势在于，这意味着政府和企业可以像以前一样照常运行。

资本世

许多人认为资本世这个术语能更准确地描述地球上发生
的事情。根据摩尔的说法，"人类世的观点提出了它无法回
答的问题。人类世敲响了警钟——真是可怕的警钟啊！但它
无法解释这些令人担忧的变化是如何产生的"（2016a：5）。
贾斯汀·麦克布莱恩（Justin McBrien）认为，人类世"强
化了资本本身想要相信的东西：人类'本性'，而不是资
本，使当今的地球突然陷入不稳定状态"（2016：119）。但
是，正如博纳伊和弗雷索斯指出的那样，"1850 年距今为止，
90 家企业的二氧化碳和甲烷累计排放量占总排放量的 63%"
（2017：68）。就二氧化碳排放量而言，两大资本主义大国遥
遥领先：

截至 1900 年，英国和美国的排放量占累计总

排放量的 60%，截至 1950 年占 57%，截至 1980 年
几乎占 50%……19 世纪（英国）和 20 世纪（美国）
的两个霸权国家对气候变化负有绝大多数责任，这
一点证实了气候变化与统治世界的计划之间有根
本联系……进入人类世与资本主义有着内在的联
系……资本主义世界经济史是地球地质状况变化的
核心要素。

（2017：116，117）

这种将责任推给我们所有人的做法既不顾政治也不顾
史实。定义新形势的不是人类的时代，而是资本的时代。此
外，我们理解问题的方式会塑造我们所认可的解决方案。将
气候危机视为大家应承担同等责任的事情，这就使得资本主
义不把自己视为问题根源，而是视为解决方案。换句话说，
人类世代表着资本主义（包括国家资本主义）相对于其他可
能存在的经济体系的成功。这不只是说人类世促成了资本主
义的胜利；更确切地说，它所促成的是资本主义必然取得成
功的结果。

在我们目前所处的形势中，经济系统在与行星系统交
战。在这场冲突中，我们能够选择支持的对象吗？简单来
说，如果我们想生存下去，我们别无选择，只能站在行星系

统一边。如果不这样做，我们的世界，包括资本主义，都将走向终结。正如克莱因所解释的那样，"要避免气候崩溃，人类就要减少对资源的使用；要避免我们的经济模式崩溃，就要不受约束地扩张。这两套规则中只有一套可以改变，而它绝不是自然规则。"（2015：21）换言之，为了让我们的世界生存下去，资本主义必须被改变。我们所需的经济部署应以多数人的健康为指导原则，而非少数人的财富。资本主义是由少数人掌控，从而为少数人的利益服务的制度。它的主要观点是贪婪是进步的源泉。据说，大规模的财富不平等只是暂时的，因为财富最终会"涓滴"到我们所有人身上。在市场原教旨主义的视野中，利润总是好的，税收总是坏的，企业监管是不必要的，大多数人的高工资和公共服务支出阻碍了经济增长。资本主义总是将利润放在人和地球之前。这种制度创造了这样一个世界：在其中，贫穷和富裕被视为天生的搭档，削减穷人急需的福利以使富人少纳税是完全可以接受的。这样一种并不觉得这些事情不合理的经济文化，在掠夺和污染地球时几乎不会犹豫。

此外，根据摩尔（2016b）的说法，对地球产生负面影响的是资本主义，而不是工业化。

因此，重要的是不要把资本主义和工业革命混为一谈。资本时代起始的时间要早得多。正如博纳伊和弗雷索斯所说，认为人类世始于 1800 年左右的观点掩盖了一个基本事实，即工业资本主义是由始于 16 世纪的"商业资本主义"（mercantile capitalism）所积极筹备的，它尤其积极筹备了资本主义与自然的破坏性关系。谈到"资本世"就意味着人类世并不是完全由詹姆斯·瓦特（James Watt）的大脑、蒸汽机和煤炭造就的，而是源于对人类和世界进行经济剥削的漫长历史过程，这一可追溯到 16 世纪的历史过程使工业化成为可能。

（2017：228–229）

对工业革命的关注"掩盖了一些显而易见的东西：始于'漫长的 16 世纪'，也就是大约 1450 年至 1640 年前后，人们对土地和劳动力的卓越改造"（Moore，2016b：94）。正如摩尔所解释的，"在 1450 年之后，资本主义的兴起标志着，在早期资本主义所囊括的地理范围内发生了地形转变，这种转变在规模、速度和范围上均是划时代的"（2016b：96）。他称之为"创造环境的新模式"（2016b：97）。欧洲对公共用地的圈占就是这种新模式的典型例子。正如托马斯·蒙斯特（Thomas Munster）在 1524 年所写，"所有生物都变成了财产，水中的鱼、空中的鸟、地球上的植物"（引用于 Marx，

1992：239）。早在这几年前，托马斯·莫尔的《乌托邦》
（1516）也提出了相同的观点，马克思在《资本论》第一卷
（Marx，1976a）中大量引用了这本书。正如《乌托邦》的主
人公希斯洛德（Hythloday）所解释的那样，"当我在脑海中仔
细推敲如今蓬勃发展的各联邦时，上帝作证，我除了富人的
阴谋看不到别的东西，富人以联邦的名义和名头为自己谋取
利益"（More，2002：105）。

如果它始于工业革命，那么解决方案就是关闭特定类型
的工厂。然而，如果它始于资本主义的出现，那所需的解决
方案就要更加激进。正如摩尔所解释的，

> 随着1450年资本主义的兴起，随着大胆的全
> 球征服战略的兴起、无休止的商品化和无情的合理
> 化，要定位现代世界的起源，就要优先考虑一种截
> 然不同的政治体系——它追求权力、知识和资本之
> 间关系的根本性转变，正是转变后的关系造就了现
> 代世界。关闭一家煤炭发电厂，你就可以在一天内
> 减缓全球变暖；断绝建立煤炭发电厂的关系，你就
> 可以永远遏止全球变暖。
>
> （2016b：94）

我们似乎被困在资本主义书写的故事中，常常认为这是唯一有可能的叙事，也是我们唯一可以担当的身份。绿色资本主义似乎是不太可能实现的承诺。资本主义是不扩张就会灭亡的体系。它总是将掠夺和污染视为别人的问题，但对利润的不懈追求，使其与地球上有限的资源发生了冲突。一旦资本主义占据主导地位，在有限的星球上无限增长的荒谬说法，就会变成在所有地方都至高无上的原则。当对不断增长的追求遇到了有限的资源时，结果不难预料。简单来说，资本主义是问题，而不是解决方案。如果我们聚焦于个人消费，而不关注通过掠夺和污染来牟利的行为，我们将永远无法触及问题的核心。这并不意味着个人的决策不重要。通过做出改变，我们可以鼓励其他人也做出改变。但是，如果政府和企业层面没有根本性的改变，那个人的改变可能收效甚微。然而，通过共同行动，我们可以让政府和企业做出更根本性的改变，并且通过拯救地球，我们可以拯救自己。

注释

1 富裕国家的消费品往往产自世界上较贫穷的地区。因此，我们的碳排放在其他地方。我们的消费造成了他们的碳排放。尽管我们的排放量下降了，但较贫穷国家的排放量却在增长。如此一来，气候变化的责任就变成了由为满足我们的消费需求而生产商品的人来承担。

2 化石燃料行业资助了各种所谓的智库，其主要目的是攻击气候科学，否认气候变化是人为造成的。为这些基金会提供大量资金是为了维系利润。据《卫报》报道，2002 年至 2010 年，一群选择匿名的美国亿万富翁向"质疑气候变化背后科学理论的团体"捐赠了近1.2 亿美元（引用于 Klein，2015：45）。

3 尽管弗兰克·特伦特曼（2017）将中国和印度的消费主义追溯到 15世纪，但他的研究主要集中在 17 世纪以后。

4 就像多数大众娱乐活动一样，尤其是女性娱乐活动，购物很快就引来了批评者。例如，一名男子在《纽约时报》（1881 年 6 月）上撰文抱怨"在女性中盛行的购物恶习……是与男性饮酒或吸烟一样严重的［瘾癖］"（引用于 Laermans，1993：88）。

5 参阅福柯（1991），尤其是，"我们必须彻底停止使用负面术语来描述权力的影响：它'排斥''压制''审查''抽离''掩盖''隐瞒'。事实上，权力有生产性：它生产了现实；它生产了对象的范畴和真理的程式"（1991：194）。

6 想一想体育博彩广告的飞速增长，以及广告如何将博彩呈现为与输钱赢钱关系不大的体育活动，并且这种活动能让你获得自尊、朋友的尊重和有价值的社交生活。这在博彩广告对足球的重新定义中尤为明显——足球不是可以竞技或观看的比赛，而是赌博的机会，就仿佛这是所有比赛的本质一样。

7 根据马克·博尔德（Mark Bould，2021：143）的说法，这个词被 20世纪 60 年代的苏联科学家和 70 年代的美国科学家在非正式的情况下使用。

第五章

媒体化消费

本章考察了我所说的媒体化消费。媒体化是媒体研究和传播理论发展并使用的概念，该研究领域使用该概念分析和描述 21 世纪日益被媒体包围的世界。首先我解释了这个概念，随后使用该概念批判性地探索了恋爱的日常体验，以及这种体验如何越来越与对各种媒体的消费纠缠在一起。[1]

媒体化

毫无疑问，近年来，媒体（话语和技术都）已经成为日常生活的显著特征。不难看出，我们周围的世界逐渐被媒体填满。首先，媒体化是用来描述这种变化的术语。例如，如今走在任何城镇的商业街上，都必然会看到人们在用手机聊天、发短信或拍照。与此类似，很难想象有哪场对话可以不涉及电视或广播上正在播出的节目、电影院正在上映的电影或大家都在玩的电脑游戏。但媒体化这一概念不只描述了人们与媒体消费之间关系的新阶段，它还试图解释这种全新的关系，试图批判性地理解媒体在日常生活的社会实践中日益显著的在场和影响。

传统上，人们以两种截然不同的方式来理解媒体和人的关系。第一种理解是所谓的"媒介效果"模式。简单来说，这是根据媒体对人们的影响来看待媒体的力量。这可能涉及新闻报道的政治观点、好莱坞电影的道德倾向或广告的说服力。根据这种理解，媒体促使团体或个人改变行为：他们更换投票对象，性态度被改变，或是购买不同的产品。第二种理解有时被误导性地称为"积极受众"模式，它聚焦于消费者的活动，并指出人们在行动和互动中如何使用媒体。换句话说，根据这种模式，值得关注的问题是我们如何利用媒体，而不是媒体对我们产生的影响。也就是说，人们做出行动并发起互动，在这些行为中，他们使用媒体。

在不否定这两种理解方式的意义和重要性的情况下，媒体化这一概念显示了截然不同的媒体和人之间的关系。当媒体被理解为可以产生影响的事物或在社会行动和互动中被使用的事物时，人们总是认为媒体独立于我们对媒体的消费而存在；也就是说，它要么是影响我们行为的外部变量，要么是我们从外部引入的用于完成事务的技术。例如，我在电视上看到一则广告，立刻就出去购买广告中的产品。在另一个场景中，我和妻子一起观看广告，我们借着广告回忆起在德国的生活。在这种情况下，它不是促使我购买东西的机制，而是使我回忆起一些事情的诱因。媒体化表明，相比于上述两种理解，媒体对我们的行动和互动的影响更加基础，而我概述的这两种场景便表明了这一点。根据媒体化这一概念，媒体逐渐成为日常生活结构的一部分；几乎很难想象没有媒体的场景。但这并不意味着媒体决定或控制着我们所做的事情——这不是也不应该是另一个版本的技术决定论。相反，这意味着媒体如今是我们的生活方式、行为方式和互动方式的基础。

因此，媒体化标志着媒体与人之间关系的新阶段。简单来说，媒体不再独立于它们所影响的人或利用它们的人。相反，在媒体化的条件下，媒体如今逐渐融入我们生活的几乎所有方面。再重申这一要点，它不再是独立的因素，而是我们日益普遍的生活方式中不可或缺的一部分。也就是说，日常生活不再仅仅是受到媒体影响或使用媒体的场域。相反，在日常生活中，几乎很难想象不包含媒体的行动和互动。例如，媒体已经介入了许多机构的工作流程：短信、电子邮件和各种形式的在线会议如今是商务沟通的通用工具。与此同时，媒体作为发布新闻和讨论问题的公共舞台发挥着更大的作用：在某种程度上，如果新闻不发布在媒体上，似乎就不能算作真正的新闻。不应将它与媒介化①（mediation）相混淆，即使用媒体进行沟通。尽管媒体化显然包含使用媒体进行沟通的行为，但它超越了这一点，不仅指明了媒体使用行为，还指明了媒体使用行为如何改变它所传达的内容以及受众对内容的理解。

短信、电子邮件和各种形式的在线会议不仅是沟通手段，它们还改变了我们的沟通方式。这并不意味着媒体不会产生影响，也不意味着人们不以特定方式使用媒体，但这确实意味着，如今媒体与人们的关系截然不同，同时它在日常生活中的角色和地位也有很大改变。例如，政党政治的运作

---

① 媒介化：传播学领域有时将"mediation"翻译为"中介化"，将"mediatization"翻译成"媒介化"。本书则将"mediation"翻译成"媒介化"，将"mediatization"翻译成"媒体化"。原因如下："mediatization"一词在本书语境中更强调媒体话语对人们表达的影响，即它在结构中使能、限制、构造人们的表达，所以它的含义与中介化更为相近，即传达者的信息要受到媒体的影响才能抵达接收者。因此，译者将"mediatization"翻译为媒体化，以强调媒体对信息的影响。而"mediation"一词在本书语境中是指信息的传输过程，即通信工具将信息从一端传输到另一端，它并不涉及通信工具对信息的影响，所以翻译成"中介化"并不合适。同时在中文中，相较于媒体，媒介的涵盖面更广、更有传输介质的意味，因此译者将"mediation"翻译成"媒介化"。此外，将这两个词分别翻译成"媒介化"和"媒体化"也是为了突出两者既有区别，亦有共同之处。——译者注

越来越依赖媒体，并且越来越受到媒体逻辑的影响。就媒体逻辑而言，我并不打算声称媒体用单一逻辑来支撑其所有运作，相反，我的意思是，不同背景下的不同媒体均越来越能按照特定的媒体逻辑来塑造非媒体机构的行动和互动方式。但是，如果我们所说的这个术语指的是作为整体运作的媒体——媒体行业，那就没有所谓的媒体逻辑。然而，如果我们认为不同的媒体在不同的背景下运作，并且以极为特殊的方式促进对行动和互动的塑造，那么就有媒体逻辑。毕竟，媒体与人类能动主体之间的互动是至关重要的——媒体不能独自完成这一点。媒体并不像媒介效果模型那样简单地影响着政党政治，政党政治也不像积极受众模型那样积极地使用媒体；相反，媒体如今是政党政治的基本组成部分——由于两者之间的紧密结合，现在几乎不可能在没有媒体的情况下开展政党政治。毫无疑问，如今政党政治的组织方式符合媒体的规律，并且几乎所有重要的政治辩论都是由媒体塑造的。通过这些方式，媒体不再被视为产生媒介效果或以特定方式被用来调解政治的外部政治手段；它们如今正是政治实践的基础。基础到难以想象没有媒体参与的政党政治。20世纪80年代在美国出现的"摘引金句"便是早期媒体和政党政治开始纠缠在一起的典型例子。"摘引金句"是用于电视和广播的简明短语或句子，旨在抓住更长篇、更复杂的声明或政策的本质。[2]英国和美国在选举前举行的政党领导人辩论则是另一个相关例证。这些辩论既不是媒介效果的例子，也不是政客们单纯使用媒体的例子，而是政党政治日益媒体化的典型例子——这种政党政治对政治结果有重大影响，但如果没有媒体，这种政党政治就不会存在。

媒体恋爱

要真正理解媒体化对消费的影响其实涉及的并不是理论问题，而是实证问题。也就是说，假设推论必须始终得到证据充分的民族志研究的支持。考虑到这一点，本章的其余部分将讨论浪漫爱情的媒体化。我用来展开论述的实证证据来自名为"媒体恋爱"的项目。[3]该项目旨在了解媒体与恋爱之间的关系。需要明确的是，我所说的媒体恋爱，并不是指由媒体支配的社会活动，也不是指媒体所呈现的浪漫之爱。尽管我讨论了人们如何将媒体作为恋爱关系架构和编排的一部分来消费，但确切来说，我的主要关注点是在这种关系中，媒体如何变得越发基础。同样需要明确的是，浪漫爱情的媒体化不应与媒介化混为一谈。这不仅因为我们越来越多地通过媒体进行恋爱沟通（至少从 18 世纪末开始，这样做的人就逐渐多了起来），而且因为媒体正在改变我们的恋爱沟通。换句话说，作为恋爱的源头和媒介，媒体对恋爱关系的变革作用越来越大。

当我们坠入爱河时，我们会通过多种方式与对方建立联系，其中许多联系都涉及媒体。我们一起去电影院，或者看电视、听音乐、玩电脑游戏；我们有越来越多的共同的照片；我们（有意识和无意识地）将我们的关系与在文学作品、电影、广播和电视中看到的人进行比较；当我们不在一起时，我们会使用各种媒体技术来消除我们之间的距离。

这种对媒体的使用使我们的联系得以加强，正是这种加强在一定程度上让我们自己和他人意识到我们相爱了。尽管我称之为媒体恋爱，但我绝不认为媒体已经成功殖民了当代浪漫爱情的实践。恋爱关系的许多方面都不涉及媒体消费。尽管如此，这项研究表明，当代恋爱实践已经被媒体消费所缠绕，如果没有媒体消费，恋爱实践几乎是不可想象的。毫无疑问，人们越来越积极地消费媒体，将其视为恋爱关系生产和再生产过程中不可或缺的部分。

这项研究的目的是探索与媒体相纠缠的浪漫爱情实践。我试图探索这一实践，而不必回归以下两种观点：第一种观点是媒体决定论，第二种观点认为浪漫爱情是很简单自然的事情，人们在情感亲密和性亲密的时刻就会以各种方式明确表达出来。在这两种诱惑之间，我试着描述人们如何消费媒体来积极制造浪漫的爱情。我赞同行动者网络理论（actor-network-theory）的观点，该观点亦与常人方法论（ethnomethodology）和实践理论（practice theory）（见第六章的讨论）的观点类似，即我们的日常社会生活，包括浪漫爱情的实践，不是既定不变的，而是必须被组建和重组的。因此，我认为媒体和媒体消费存在于实质性地生产出浪漫爱情的网络之中。此外，媒体消费并不是对当代浪漫爱情实践的补充，它越来越成为建构和维护恋爱关系的根本和基础。正如布鲁诺·拉图尔（Bruno Latour）可能会说的那样，媒体是这些关系的间接行动者。

浪漫爱情与有时被称为大众媒体的事物之间的关系在历史上是前所未有的。尽管在历史记录中不难找到浪漫爱情故事的例子，在诗歌、戏剧、神话中绝对可以找到类似的例子，但只有在18世纪末，浪漫的爱情才逐渐成为共有的公众文化中显而易见的部分，也成为被广泛接受的获得情感幸福和性满足的手段，随后这种观念在整个19世纪和20世纪迅速传播。正如历史学家爱德华·肖特（Edward Shorter）所指出的那样，"浪漫主义革命……始于18世纪末，在19世纪席卷了广大阶级和领土，在20世纪成了不容置疑的求爱行为规范"（1977：152）。

这种"不容置疑的规范"作为社会上显而易见且被广

泛接受的事物，作为日常生活中性亲密和情感亲密的主要社会实践，其大范围发展恰好与浪漫媒体的发展相一致。正如历史学家劳伦斯·斯通（Lawrence Stone）所注意到的，"在1780年之后，浪漫爱情和浪漫小说同时成长起来"（1977：190）。社会学家安东尼·吉登斯（Anthony Giddens）也提出了同样的观点，"浪漫爱情的兴起或多或少与［浪漫］小说出现的时间点相吻合"（1992：40）。[4]这也是当代评论家的共同观点，"在丘比特射向年轻人心灵的所有箭中，［浪漫小说］是最锋利的。没有人能抗拒它。它是文学鸦片，将所有感觉都引诱到令人愉悦的狂喜中"（The Universal Magazine，1772；引用于 Stone，1977：190）。此外，正如弗朗索瓦·德·拉罗什富科（Francois de la Rochefoucauld）在此之前所写下的观点那样，"如果没有听说过这类故事，有些人就永远都不会坠入爱河"（出处同上：191）。这可能是对那些愚蠢到无法独立思考的人，或是事先没有被告知如何行动就无法行动的人的嘲讽，但我不认为他所发现的现象意味着愚蠢和自我欺骗；相反，我认为这是一种未被觉察的认识，即我们主动学着去做我们自认为是自然的事情（见第六章）。但这种呈现媒体消费与浪漫爱情之间关系的叙事的真正问题在于，它往往暗示着由媒体施加给恋爱实践的单方面影响。在《环球杂志》使用"文学鸦片"一词时，几乎可以肯定它怀有这种想法。根据这一假设，研究媒体消费与浪漫爱情之间关系的唯一合理理由就是探究"媒介效果"或确定特定的"媒体逻辑"。我完全反对这种简单化。相反，我的主要关注点包含人们如何使用媒体，而不单单是媒体对人们产生的影响。[5]这并不意味着否认媒体的影响力，而是认识到影响力不是所谓的被动带来的必然结果，而始终是与能动性和使用行为有关的复杂过程。但要重申的是，我试图阐明的是超出恋爱关系媒介化的事物；我认为媒体是一种中介，是恋爱关系中的行动者（关于中介和媒介的区别，请参阅第六章中对行动者网络理论的讨论）。

从"媒体恋爱"项目的研究结果中可以清楚地看出，人们不会被动地消费媒体，然后直接毫无疑虑地将其应用到浪漫爱情的社会实践之中。相反，该项目一直在见证媒体与恋爱人群的积极消费行为之间的对话互动。在斯托里和麦克唐纳（McDonald，2013）的文章中，我指出理解媒体浪漫力量的最好方法是将其理解为像语言一样运作；一种我们必须使用的"语言"，以便将我们的浪漫情怀传达给他人和我们自己。需要明确的是，我并不是说媒体真的提供了浪漫爱情的语言，尽管有时候它们确实会这样做；相反，我要说的是媒体生产的话语像语言一样运作，如此一来，它们使能并限制了浪漫爱情的社会实践（见第一章关于话语的讨论）。因此，恋爱就是将自己定位于由媒体生产和／或传播的意义和实践的（通常是矛盾的）媒体化网络中，这种媒体化网络确立了浪漫的"常识"（Gramsci，1971）系统，或者借用福柯的话，可以称之为浪漫的"真理制度"（Foucault，2002）。由于浪漫爱情的媒体话语像语言一样运作，所以我们需要认识到语言行为和作为系统的语言是截然不同的：言说的语言并不支配言说的行为；言说者主动从该语言提供的资源中进行选择。如此一来，尽管浪漫爱情的媒体话语既赋能又限制了能动性，但它们绝对不会像"媒介效果"模型所假设的那样支配浪漫实践。就像言说任何一种语言一样，我们处于媒体化结构之中，它使我们能够理解和沟通，也限制了我们的理解和沟通，而且与一般的语言能力一样，由媒体衍生的浪漫素养有不同的水平。我认为，安伯托·艾柯（Umberto Eco）被大量引用的对后现代主义姿态的定义就指向了这一点。"我认为后现代主义的姿态是，一个男人爱上一个很有文化修养的女人，但他知道不能对她说'我疯狂地爱你'，因为他知道她知道（并且她也知道他知道）这些话已经被芭芭拉·卡特兰（Barbara Cartland）书写过了"（1985：17）。这或许能也或许不能鉴定出后现代姿态，但对我来说，它绝对会鉴定出那些具有极高的由媒体衍生的浪漫素养的人。因此，媒体并没有直接塑造浪漫实践，而是提供了使浪漫实践得以明确表达出来的语言——一种既赋能又限制浪漫能动性的媒体化结构。但这依旧是极为重要的问题，即我们必须待在浪漫"真理制度"的"常识"范围内，如此才能让他人和我们自己理解浪漫。因此，只有符合易于理解的由媒体衍生的浪漫标准（偏离这些标准可能会导致"转译"问题），浪漫实践（即使在充满矛盾的各种实践中）才能被视为浪漫实践。这并不意味着我们的恋爱体验是预先设定好的"虚假意识"，在这种意识中，我们的情绪反应不过是媒体的产物。"媒体恋爱"的受访者[6]让我们清楚认识到，媒体并没有支配浪漫实践的效果。相反，它们提供了一种语言，并且就像所有语言一样，这种语言允许人们用它来明确表达自身浪漫爱情经历的意义。能动性采取的部分形式要符合媒体话语被认可和被协定的方式（见 Storey and McDonald，2013）。

浪漫地聆听音乐是积极消费媒体的绝佳例证。正如所预料的那样，许多受访者谈到了特定歌曲如何在他们的浪漫经历中发挥重要作用。尽管许多受访者认为音乐是用来放松的，或者用作浪漫环境的背景音，但大多数人都表明音乐总是被用来重新唤醒浪漫回忆；它具有档案存储功能，让他们可以动情地回顾过去的浪漫场景。六号受访者给出了典型的回答。"对我来说，在我坠入爱河或恋爱时，音乐并不能让我特别有感觉。我觉得那种时候我根本就不会想到音乐。对我来说，只有在事后才会想起它"。四号受访者也表达了同样的看法。"我会一直记得跟恋爱对象第一次约会时放的那首歌"。二号受访者谈到音乐"让我想到……我绝不会后悔；它确实提醒了我"。一号受访者表示，"每次听到那首歌，我都会想起那件事"。他还解释了其他歌曲如何让他老是想起她。这些歌曲显然具有强大的情感力量，使他能够重新阐述过去。"我马上就想到了她……有时候会有点难过。你瞧，我觉得这取决于当时的心情，因为有些时候当我听到那首歌时，我会想，没错，那是个很美好的夜晚，我们过得很开心。而其他时候我会想，我再也不要跟她在一起了。"六号受访者使用音乐的方式大致相同。

> 我觉得音乐配合上恋爱中的情感，大概就是当你在恋爱期间听到音乐时，尤其是当你独自一人时，你会把音乐中的东西与自己联系起来……最近一段时间，在过去的四五周里，自打我决定跟那个跟你提到过的女孩保持距离以来，我就有点闷闷不乐。而我刚好在听音乐，所以我当时大概有点脆弱。有时候，如果旁边播放着音乐，我发觉这确实会让我更难过，让我更多地想起那个人。

显而易见的是，每个受访者都以不同的方式消费音乐来回忆往事。但类似的是，他们对音乐的消费是回忆行为的基础——音乐和回忆纠缠在一起，以至于我很好奇如果没有音乐，这些回忆是否真的存在。埃里克·丘奇（Eric Church）有一首歌，他在歌中唱道："有趣的是，旋律听起来真像是回忆"。[7]正是这种旋律向回忆的转变——浪漫回忆的媒体化——引起了每位受访者的注意。

受访者认为在恋爱或坠入爱河时最重要的两项技术是短信和脸书（Facebook）。短信是被提及最多的媒体技术。九号受访者给出了典型的回答："我会说90%的交流是用短信完成的，而手机用来打电话的时间很少"。有时候，恋爱关系本身似乎是由发短信这一行为维系着。例如，六号受访者谈到了一段几乎完全基于短信的关系，

> 我们相处得真的很不错，大概六周时间里，我们见过三四次面……之后我们发了很多短信。我们的关系很大程度建立在互相发短信之上，而我们在这六周里只见过三四次面，我觉得这在某种意义上并不重要，毕竟我们经常发短信。

很多受访者都很清楚，发短信会加快恋爱关系的发展。

"我觉得这比任何事都能加快进展，因为现在有了手机［发短信］，你可以一直保持联系"（十号受访者）。九号受访者也表达了相同的看法。"我觉得跟她更亲近了，因为通过短信，很快就能了解别人，而我们就经常发短信。在我们接触的早期阶段，**就是这样了解彼此的**，我们就经常发短信，所以我觉得这确实有助于更深入地了解彼此"。重申，这不是单纯的媒介化，而是媒体化。通常来说，正是频繁地发短信产生了这种加速效果。"它总是停不下来，这太荒唐了，我们在一起的时候，手机就会很安静。但如果我们不在一起，手机就会响个不停。即使我们刚刚还在一起，而我要回学校待一个小时，他也会给我发短信，问我有没有事，哪怕我之后就会回到他身边……短信就是持续不断。唯一能让我们停下来的就是，我在做课堂汇报，或者他在大学里参加考试"（八号受访者）。在这些例子中，尤其是在最后一个例子中，发短信不仅是传达浪漫情感的手段，它还是恋爱关系现实结构的基本部分。

　　加速的部分原因是性亲密。"我觉得发短信时可以更大胆直白一点，更肆无忌惮一点"（一号受访者）。"我认为人们要变得亲密比以前更容易"（十号受访者）。"没错，我觉得尤其是当你开始了解他们的时候，那时发短信就更有可能表现得大胆出格，这就不像突然在街上遇到他们，我想那时

143

你绝不会说，嗯哼［他发出了暗示性兴奋的声音］"（九号受访者）。八号受访者指出，在这种情况下，发短信可以提供躲藏在背后的屏幕，这种机制能让人们畅所欲言，如果有必要的话，也可以否认所说的话。"没错，人们互相发信息时更有自信了，对吧？与面对面交流不同……我想发短信时可以稍稍隐藏在文字背后：那条短信我不是有意的……我喝醉了。如果我的朋友说了些蠢话，他就会发这样的信息。你有无数个借口推翻你想说的话。"显然，对八号受访者来说，否认或推翻所说的话的含义（"无数个借口推翻你想说的话"）让人有了很大的自由。六号受访者也发现，短信给了他类似的自由。

> 我试图在发短信时表现得跟面对面交流一样，但后来我发现，在用短信聊天时，或者在脸书上聊天时，可能的确会说一些面对面交流时不会说的话……当你看着别人的眼睛时，我想有时候确实很难说出你想说的话。

根据十三号受访者的说法，发短信"能让我们引诱彼此……让我们表露自己的想法，说出那些让我们更渴望对方的话……正是通过短信……我们说出了非常'浪漫'和令人兴奋的话"。十一号受访者举的例子远远超出了性亲密的加速。就她的情况而言，发短信其实就是性亲密。

　　我的上一段感情……始于五年未见后发的一条（略有醉意的）短信，随后在我们能够见面之前［当时他们住在不同的国家］，我们的感情在很大程度上是通过短信、电子邮件和 Skype[①]（没有视频）发展起来的。所以，在那时候，我们真的在没有任何面对面互动的情况下坠入爱河了。

等他们终于见面了，他们依赖技术的性亲密一直延续到面对面的关系中，但在某些方面，她有点感到疏离。正如她所解释的，

　　我还觉得这［他们以前的文字交流］影响了我们当时关系的实际运作方式。比如说，我记得，在几个月没有见面后，我来到了［她说出了她男朋友的住址］，让我感到疏离的是，我才刚刚进屋，他

---

① Skype：即时通信软件，有视频聊天、多人语音会议等功能。——译者注

就立即说了［如通过短信］他想做的事情。但不知
为何，只要他热情地吻了我，然后继续做他所说
的事情，那感觉就会不一样［言下之意是会更令人
满意］。

有时，发短信造成的加速可能会产生其他负面影响。正
如十号受访者所解释的那样，"但发短信让感情发展得很快，
嗯，真的特别快，因为我之前有过这样的关系，我们谈了一
个月恋爱，我真挺喜欢对方的，但从互相发短信开始，感
情就走了下坡路"。她指出了产生这种负面影响的主要原因：
"我觉得是因为彼此间的联系太多了……之后见面的时候，
真没什么好说的了"。换句话说，根据她的经历，不断发短
信可能会过早暴露太多信息，或者单纯让人感觉像是一间充
斥着过多信息和期望的牢房。二号受访者抱怨说，不断发短
信剥夺了他的空间。"我想要空间，但她不给我，所以我就
时不时把手机落在家里。"随后的访谈表明，把手机留在家
里就是要告诉她，他故意把手机落在家里了。

发短信可能会给恋爱关系带来其他困难。十四号受访者
将年轻时的自己描述为"爱情侦探"，她总是在寻找自己有
吸引力的证据。她对短信可能带来的问题有着截然不同的体
验，不过这也表明了短信作为衡量恋爱关系和认真程度的标

准是多么重要。"我不幸爱上了不怎么给我发短信的人……
这意味着短信的低回复率被理解成缺乏兴趣的证据"。看来
发短信太多或太少都会破坏恋爱关系的根基，而短信本身就
促成了这种恋爱关系。

短信还能制作和保存关于恋爱关系的详细记录。它就像
电子日记一样，但与常规的日记不同，它储存了恋爱双方的
意见。正如六号受访者所解释的，

> 回过头来看，因为你会回头看短信，因为你
> 的手机会存储很多短信……我觉得，当你遇到这样
> 的情况时［他指的是终结恋爱浪漫关系］，你就会
> 这样做，也就是回顾你所说过的话，这可能害处大
> 于用处，而我确实这样做了，这其实很有趣。我不
> 觉得这对我有什么害处，因为回看以前发生的事很
> 有趣……这很有意思的，试着搞清楚为什么这个人
> 让我有不一样的表现、不一样的感觉，以及当我们
> 的关系出问题时，我为什么会心烦意乱，一直闷闷
> 不乐。

许多受访者在谈到短信时也都提到了脸书。他们往往会
以类似的方式使用它，就像发短信一样，并且从积极和消极

的角度看待它与恋爱的关系。三号受访者的男朋友在海外，她谈起了"我们过去常常在脸书上互发即时消息的浪漫时光"。当被问及说了些什么时，她回答说："很无聊的事，像是我白天做了什么之类的……我觉得当有人离开这么长时间，保持这种联系真的很重要"。显然，脸书使他们能在关系面临巨大压力的情况下保持恋爱关系。因此，这不仅是一种沟通手段（媒介化），这还是他们媒体化关系的基本部分。与三号受访者一样，七号受访者解释说，她在脸书上与男朋友的大部分对话通常都很平淡。除此之外，他们在聊天时还会忙其他事情。"我会写文章，那样我跟他交谈的时候，我就会说，我真不想写这篇文章，他会说，当然了，但如果你把它写完，那就不用这样烦心了。如果他今天工作很糟心，我会说，没事的，工作不就是这样嘛。如果我在看电视，我会跟他聊聊，他也会跟我讲讲他在玩的［电脑］游戏之类的事。"很显然，脸书让他们能够交流并发展关系，而这通常只有在双方共同在场的情况下才能实现。再次重申，这不是媒介化，这是媒体化。十一号受访者使用 Skype 的方式与三号受访者和七号受访者使用脸书的方式类似。

　　等我们都回自己家了，就会整天用 Skype 聊天。
　　通常来说，我们大部分时间都在忙自己的事情，但会觉得对方就在身旁……我们都在做事……但我旁边放着 iPad，每过一会儿就能看他一眼；或者我们睡觉的时候开着视频聊天，有时可能我已经睡着了，但他还在读书，或是我们一起休息，或是到最后一起共度良宵，就好像我们是在正式约会一样。

她接着补充道，

我觉得，尤其是在这样的时代，当每个人都被期望在职业方面保持灵活性和流动性时，这些媒体会跨越遥远的距离，对彼此的亲密感产生巨大的影响，并且它至少可以连接形形色色的日常生活。

就像发短信一样，脸书也有可能破坏它所促进和确立的东西。正如三号受访者所解释的，"你可以在脸书上看到他们的前任以及前任给他们发的电子邮件，因为他们仍住在同一栋房子里，没法摆脱对方。我认为这会让恋爱关系变得更加复杂。"当她在男朋友的脸书相册中发现他前女友的照片时，她描述了另一种复杂情况。她透露，"她穿得很暴露，这当然让我很不高兴"。显然，这些照片不仅存在，而且存在于朋友和家人都能看到的公共空间："如果他有的是前任的纸质照片，那我还能理解，毕竟他们在一起很长时间了"。所以，这些照片本身并不是问题，真正让她感到失望和难过的是这些照片的公开位置。"我还觉得有点丢脸，因为照片就在脸书上，所以每个人都会知道他还保留着前女友的照片，这让我有点想法"。五号受访者也意识到在脸书上展示照片和其他信息所引起的问题。

> 如果脸书上有我跟前女友或是以前约会过的女孩［真是有趣的分类］的照片，当我们分手时，我就会把照片删除，因为你绝对不会想要别人翻看你的脸书，然后看到你的前任长什么样……如果我前女友遇到个小伙儿，那小伙儿就会想：原来她跟她前男友是这样生活的……这会让他有压力……她前男友真厉害，他带她去住酒店［在酒店住了几晚］，他们去伦敦过周末，而我没几个钱，我该怎么办？如果没有社交网络，那个小伙子就不会知道我，他就没法点开我的资料查看我来自哪里，做什么工作之类的。大概一周后他就会忘掉我的名字。

如果没有脸书，三号受访者和五号受访者所描述的情况就不可能出现。再次重申，技术并没有中介这种关系，技术是其媒体化结构的一部分。

五号受访者指出，短信和脸书正在改变浪漫的现实可能性。"三十年前我爸跟我妈约会的那个时候，他说要是想第二天跟她见面，就要打电话约她。你要是现在这样做，女孩可能就会说，你是哪位啊？要是用短信或脸书的话，他们就不用非得回复，而如果他们没回复，你就会知道他们对你不感兴趣。"六号受访者举了另一个例子来说明脸书如何改变恋爱行为。"如果你晚上跟人出去约会，跟他们交流，他们会觉得在脸书上互加好友，比互换电话号码少了些侵略性"。但这种从一种技术到另一种技术的简单转变可能并不像听起来那么温和，这可能导致他所谓的"脸书尾随"。

> 如果我对她一无所知，我会在脸书上搜寻跟她有关的每件事：我可以浏览她的照片，看看她的前男友长什么样，她的朋友怎么样，她喜欢什么……比如说，"我喜欢在黑暗中牵着我的手的人"。你可以找到她的所有喜好，这真挺可怕的，因为你们才第一次约会，你就了解了她的全部，你就会问些你已经知道［答案］的问题。你问她学什么专业，而这就明晃晃地写在她的脸书上。

因此，第一次约会可能看起来很"传统"，但它可能是由以前的情侣难以想象的大量信息所筹备和构建的。也就是说，在浪漫爱情被媒体化之前，这对情侣来说是不可思议的。

初步结论

"媒体恋爱"项目关注的是人们如何消费媒体。因此，我并没有以媒体为始展开论述，然后再探究对媒体的使用行为。相反，我先讲述了浪漫爱情的日常体验，然后试着梳理出这些体验如何被媒体消费所促成和限制。在访谈期间，并没有人试图定义浪漫爱情，或是试图定义什么是媒体。在每次访谈中，由受访者决定这些术语的描述和定义。因此，该项目的重点不是承载浪漫爱情的媒体，而是人们如何消费媒体来营造浪漫爱情，使其在社会实践中显现出来。因此，虽然短信和脸书确实促成了一种全新的浪漫交流方式，并限制了这种交流的形式，但它们并不能决定我们的交流，也不能决定我们交流的内容，这始终取决于我们的能动性和使用行为。然而，同样明确的是，我在本章开头讨论的两种传统模式，媒介效果和积极受众，并不能充分解释媒体消费与浪漫爱情实践之间的关系。相反，访谈展现出一种更尖锐、复杂和矛盾的关系，我认为媒体化消费的概念最能刻画这种关系。

注释

1 关于媒体化的详细讨论，请参阅赫普（Hepp，2013）和雅华德（Hjarvard，2013）。

2 罗纳德·里根（Ronald Reagan）总统于1987年6月在柏林发表的演讲是最早的，可能也是最著名的摘引金句之一。在提到柏林墙时，演讲中有这样一句话："戈尔巴乔夫先生，推倒这堵墙"。尽管这句话只是长篇演讲的一部分，但这显然是为了媒体消费而提炼出来的。英国首相鲍里斯·约翰逊（Boris Johnson）是研究政治消费的专家，他在政治生涯中一直使用这种摘引金句，希望选民听到这些华而不实的空话就能心满意足，希望他们不会去采取行动，甚至看不到被掩盖的现实，而这招确实有一定的成效。

3 关于"媒体恋爱"项目的详细信息，请参阅斯托里和麦克唐纳（2013）。

4 有趣的是，浪漫爱情兴起的时间或多或少与资本主义消费社会的出现处于同一时期（参阅第二章和第四章注释部分的讨论）。

5 可参阅第七章中关于"折中平衡"（compromise equilibrium，Gramsci）的讨论。

6 "媒体恋爱"受访者：

一号受访者：男，英国人，异性恋，19岁。

二号受访者：男，英国人，异性恋，19岁。

三号受访者：女，英国人，异性恋，25岁。

四号受访者：男，英国人，同性恋，19岁。

五号受访者：男，英国人，异性恋，23岁。

六号受访者：男，英国人，异性恋，21岁。

七号受访者：女，英国人，异性恋，19岁。

八号受访者：女，英国人，异性恋，19 岁。

九号受访者：男，英国人，异性恋，19 岁。

十号受访者：女，英国人，异性恋，19 岁。

十一号受访者：女，德国人，双性恋，36 岁。

十二号受访者：女，奥地利人，异性恋，30 岁。

十三号受访者：女，西班牙语，异性恋，33 岁。

十四号受访者：女，爱尔兰人，异性恋，34 岁。

7 歌曲名称为《斯普林斯汀》(*Springsteen*)，可在《酋长》(*Chief*)和《当场被捕》(*Caught in the Act*)专辑上找到。第二张专辑是现场录音，他在录音中谈到了歌曲的灵感来源。他所说的内容有一部分似乎反映了二号、四号、六号受访者的经历："有一段旋律总能唤起我的回忆"。

第六章

消费与日常生活

消费是日常生活惯例和习惯的基础。本章探讨了人们如何理解两者的关系。作为社会学研究的对象，"日常生活"这一概念有着漫长而复杂的历史。[1] 在本章中，我批判性地考察了五种社会学理论：象征性互动论（symbolic interactionism）、常人方法论、现象社会学（phenomenological sociology）、行动者网络理论和实践理论。这些传统的社会学理论均为日常生活的概念化带来了很有价值的主张，即我们应该再次透过看似天然存在的东西，审视其社会性存在，这样一来，我们应当充分认识到它的人为建构性。消费是理解这个过程的基础。

象征性互动论

象征性互动论发源于芝加哥大学社会学系"芝加哥学派"的研究。建立和发展该理论的基础是对日常生活的研究。此外，从一开始，人们就认定这种学术研究必须是"自然主义的"。他们所说的"自然主义"指的是一种主张，即这种研究必须在日常生活中进行，而不应该是在课堂上或研讨室中对日常生活可能情况所进行的理论推测。这催生了几项突破性研究，其中最重要的成果或许是弗雷德里克·斯拉舍（Frederick Thrasher）的《犯罪团伙》（1927）、路易斯·沃思（Louis Wirth）的《贫民区》（1928）、哈维·佐尔博（Harvey Zorbaugh）的《黄金海岸与贫民窟》（1929）和克利福德·肖（Clifford Shaw）的《杰克-罗尔》（1930）。然而，直至第二代芝加哥学派学者崭露头角，"象征性互动论"一词才被用来命名这种新的社会学方法。赫伯特·布鲁默（Herbert Blumer）是首先创造出这个词的人，他为这种社会学研究方式下了非常明确的定义。为了理解这种新方法论的具体内涵，他的阐述值得全部引用。

　　最后的实例表明象征性互动论建立在三个简单的前提之上。第一个前提是，人类对事物采取的行动基于事物对他们的意义。这些事物涵盖人类在其世界中可能会注意到的所有事物——物质实体，如树或椅子；其他人类，如母亲或店员；不同类别的人类，如朋友或敌人；机构，如学校或政府；指导思想，如个人独立或诚实；他人的活动，如他人的命令或请求；以及个人在日常生活中遇到的情况。第二个前提是，这些事物的意义来源于或产生于个人与同伴的社会互动。第三个前提是，个人应对他所遇到的事情时会使用阐释过程，这些意义便在阐释过程中被处理和调整。

（1969：2）

显而易见的是，象征性互动论认为消费存在于充满意义、社会行动和互动的世界之中。以这种方式看待消费就是在拒斥所有这类观点，它们将消费视为有意识或无意识、由遗传或环境因素所导致的结果，而这些因素决定了诸如此类的行动和互动。这些所谓的决定力量可以有各种形式：例如，心理刺激、社会压力、遗传倾向和经济力量。在每种形式中，促成社会行动的力量或由这种力量导致的社会行动都排除了人类的能动性；行动对个人的意义要么被忽视，要么被归结为行动本身。例如，如果一位年轻人在购物中心跟朋友们一起闲逛，他却突然开始哭泣，这一行为可能会被解释为哭泣的原因（他刚刚收到一条短信，上面说他的女朋友找到了新男友）或哭泣行为本身（泪腺分泌液体）。在这两种情况下，在公共场合哭泣这一行为对于年轻人和他朋友的意义要么被忽视，要么被归入哭泣的原因或行为本身。与此相反，象征性互动论试图理清哭泣行为对于哭泣的个人和他所身处的社会有什么意义。那接下来会发生什么呢？他的朋友们会和他互动，因为他的眼泪具有象征意义。他们"就是知道"，站在公共场合泪流满面——这是年轻人感到痛苦和需要安慰的明显迹象。他们不会急于了解流泪的医学知识，他们会基于眼泪这一悲伤的迹象跟他互动。在互动过程中，他们可能会问他为什么哭，但重要的是先安慰他。当然，一旦互动加深，他流泪的原因本身就会成为包含意义的对象。对于象征性互动论来说，这件事中最重要的是，朋友们安慰在公共场合哭泣的年轻人，这种互动是眼泪的意义引发的结果，而不是眼泪本身或流泪的原因引发的结果。

这将我们引向了意义来源的第二个前提。有一种传统观念将事物的意义看作事物本身所固有的特性。例如，哭泣的意义是哭泣行为所固有的。意义是固有的，源于所涉及的事物。另一种传统观念则认为意义归属于个人的行动。哭泣对"你"的意义不同于哭泣对"我"的意义。也许这种观点最成熟的版本就是弗洛伊德主义（Freudianism），比如说，只有利用做梦者的联想，才能成功确立梦的意义（Freud，1973；Storey，2021a）。象征性互动论拒斥上述两种有关意义形成的观念。相反，它坚持认为意义始终是"社会的产物"，它们是"人们互动过程中有决定性作用的活动所塑造

的产物"（1969：5）。换句话说，创造意义是从社会互动中
涌现出来的集体性活动。此外，我们对局面意义的理解决定
了我们的行动，因为我们不会将局面的意义视为外部因素来
响应，相反，我们如何理解它的意义是我们行动的基础，与
行动密不可分。因此，在日常生活中，行动并非对外部力量
的响应或是外部力量的化身。在这个过程中，阐释和行动息
息相关。正如布鲁默所指出的，我们需要注意，"重要的是阐
释过程，在这个过程中，个人会注意到并评估眼前呈现的情
况，同时通过这个过程，他在行动之前就划定了外显行为的
界限"（1969：15）。正是因为他的朋友们对于年轻人在公共
场合哭泣的意义有着共同的理解，他们才知道该如何行动和
互动。如果其中一个朋友请他去喝酒，这是因为他们认为这
种回应方式很自然，就应该坐在酒吧里谈论这件事。这很正
常，这是被普遍接受的做法。

　　第三个前提涉及作为阐释过程的意义。尽管意义是在社
会互动中形成的，但它们并不是"对既定意义的简单应用，
而是……一种生成过程，在其中，意义被用作并转变为指导
和塑造行动的工具"（出处同上）。换句话说，意义并不是
被应用于社会互动之中，就好像它们来自社会互动之外；它
们是互动本身的基本部分。我们并不会先参与日常生活的行
动和互动，然后再引入意义；意义是社会互动结构的组成部

分。这位年轻人流泪的意义，以及朋友们安慰他的意义，与他在购物中心收到短信时发生的社会互动息息相关。这与他们一起坐在酒吧喝酒也息息相关。

基于这三个前提，象征性互动论认为日常生活由参与有意义行动的人构成。"这种行动涵盖了个体在生活中遇到彼此时，以及处理所面临的一系列情况时所参与的众多活动"（1969：6）。这些行动，无论是个人行动还是集体行动，定义了日常生活，我们的消费方式和消费的事物是这个定义的基础。正如布鲁默所说，"社会存在于行动之中，必须从行动的角度来看待它……人类社会由参与行动的人构成"（1969：6，7）。这种行动其实通常是社会互动，即人与人之间的互动以及人与身边消费品的互动。我们不应只关注这种互动的原因或结果，而忽视互动本身。再次强调，互动是日常生活运行的基础。根据布鲁默的说法，

> 社会互动是塑造人类行为的过程，而不仅仅是表达或展露人类行为的手段或装置。简单来说，人类在交往过程中必须考量彼此在做什么或要做什么；他们不得不根据自己的考量来指导自己的行为或处理所面对的情况。
>
> （1969：8）

换言之，别人的言行使我们的言行成为可能，也限制了我们的言行。如果我去上班时打算做 A 事项，而同事要求我做 B 事项，我可以做 B 事项，或者我可以解释我为什么必须先做 A 事项。这样一来，由于我与同事的互动，我的意图要么被改变，要么被推迟。如果我的生活中发生了让人很开心的事情，而我要跟一个心情低落的朋友共进午餐，那么在朋友悲伤的时候展露我的快乐就很不合适。在这两个例子中，我都会考量他人的行动或意图，正是这种考量有助于塑造我们的社会互动。再次强调，在年轻人在购物中心哭泣的例子中，发生的所有互动都是考量他人行动后产生的结果。

社会互动可以采取以下两种形式之一：非象征性和象征性。第一种是指直接的行动，即不涉及对他人行动进行阐释的反射性反应。例如，一个朋友打翻了一瓶葡萄酒，我下意识地移到一边，不让葡萄酒洒到我的腿上。然而，我们很少直接对他人的行动做出反应，相反，我们的反应通常是基于我们对行动意义的阐释。因此，如果我的朋友喝醉了，而且她的表现表明她很有可能打翻什么东西，此时我调整了自己的姿势，以便能够快速躲开，如果她真打翻东西了，那我就是在进行象征性互动，因为我已经阐释了情况并采取了相应的行动。这两种形式的社会互动都存在于日常生活中。正如布鲁默所解释的那样，

> 在交往过程中，人类进行了很多非象征性互
> 动，他们对彼此的身体动作、表情和语调做出即时
> 和无自反性的反应，但他们的互动模式位于象征层
> 面，他们试图理解彼此行动的意义。
>
> （1969：8-9）

日常生活由我们与他人互动时意义的给予和接受构成。如果有人对我做了个手势，因为意义不是内在固有的，所以我必须阐释这个手势。我必须弄清楚的部分是，这个手势对我们两者来说是否有相同的意义。如果有相同的意义，那我们就能相互理解了。在日常生活中，我们不会碰到预先存在的意义的简单展开，相反，正是在社会互动中给予和接受意义，才产生了我们所认识到的日常生活。对这位年轻人的眼泪做出回应的朋友们并不是简单地遵循预先存在的互动模式，他们阐释了当时的情况，随后不仅以朋友的身份做出行动，而且以生产和再生产友情的方式做出行动。换句话说，他们的行动是生成性的。当其中一个朋友请这个年轻人喝酒时，他认为这就是朋友该做的事，在这个过程中，友情就被生产和再生产了。正如布鲁默所解释的，

> 人类社会或群体由相互联系的人组成。这种联

系必然以人们相互作用的形式存在，并以此方式参与到社会互动中。人类社会中的这种互动主要处于象征层面；当以个人、集体或某个组织的名义行事的个人遇到其他人时，他们必然需要在组织自己的行动时考量彼此的行动。通过向他人暗示该如何行动和阐释他人暗示的双重过程，他们能够考量彼此的行动……由于象征性互动，人类群体的生活必然是生成性的过程，而不仅仅是展现预先存在的要素的舞台。

（1969：10）

根据布鲁默的说法，日常生活是由许多"行动线"（lines of action，1969：20）构成的，这些行动线是人与人以及与周围物体（包括消费）互动所产生的结果。对于象征性互动论来说，我们的社会性极为特殊。我们不仅在与他人的互动中具有社会性，在与自己的互动中也具有社会性。我们的自我反思能力（将自己视为"对象"）使我们能够与自己对话，并参与内心的讨论（"自我指涉"），从而组织和开展我们的社会互动。尽管人们都在讨论行动和互动，而布鲁默在其中看到了重复和稳定。

在人类社会中，特别是在定居社会中，绝大多数社会行动的存在形式是反复出现的联合行动。在大多数情况下，当人们对彼此采取行动时，他们事先就已经充分明了该如何行动以及他人将如何行动。对于参与者行动的预期，他们共享着共同且预先确立的意义，所以每个参与者都能通过这些意义来指导自己的行为。有关重复且预先确立的联合行动的例子如此频繁和普遍，以至于很容易理解为什么学者们将其视为人类群体生活的本质或固有形式。

（1969：18）

但是，对预先确立的意义的明显重复极具误导性地展示了日常生活的情况。它聚焦于所谓的被动遵守规则，完全没有认识到维持日常生活并使其显现的行动和互动。正如布鲁默所解释的，"正是群体生活中的社交过程创造并维持了规则，而不是规则创造并维持了群体生活"（1969：19）。那这个社交过程是指什么呢？它不是自治的网络或系统，人类也不只是其中被动的参与者。如果它是网络或系统，那它并不会"自主运行，因为受限于某些内部动态或系统需求。它之所以会运行，是因为处于不同点位的人们都会做点什么，而他们的行动取决于他们如何定义被要求采取行动的情况"（出处同上）。

日常生活的世界是由客体组成的。这些客体是象征性互动的产物。任何可以以某种方式被指称的事物都可以是客体。客体有三种类型：物质的、社会的和抽象的。物质客体包括桌子、鲜花和公共汽车等。母亲、朋友或老师被视为社会客体。政治立场或宗教教义，或关于平等或浪漫爱情的理念，都被视为抽象客体。"客体——所有客体——的特性由意义构成，这种意义即事物作为客体对人的意义。这个意义决定了他看待事物的方式，他打算对事物采取行动的方式，以及他准备谈论事物的方式"（1969：11）。

对于不同的人，客体可能有不同的意义。对于骑师、驯马师、女学生、农民或艺术家来说，马可能有不同的意义。"客体对个人的意义从根本上源于与其互动的他人对该客体的定义"（出处同上）。可产生重大影响的他人包括父母、老师、朋友、媒体和政府。在日常生活的彼此互动中，人们达成了某种意义上的共识。"在相互象征的过程中，共同的客体出现了——这些客体对特定的人群具有相同的意义，他们以相同的方式看待该客体"（出处同上）。在购物中心流下的泪水显然是这个年轻人和朋友们的共同客体。这是意义共识的例子，正是它使日常生活看起来理所当然。但同样真实的是，日常生活可以由不同的"世界"组成，在这些"世界"中，客体具有不同的特定意义。青年亚文化就是不同意义

"世界"的典型例子。如果我们要理解这些不同的世界，就必须识别该世界的客体和这些客体所承载的意义。此外，客体的意义始终是社会的产物，它是被生成的，它起源于社会互动中的定义和阐释行为。根据布鲁默的说法，"社会互动本身就是生成性的过程……互动中的人不仅在生成各自的行动线时表达了这些决定要素，而且根据在他人行动中遇到的情况来指导、检查和改变他们的行动线"（1969：53）。基于之前的互动，我们对在特定情况下如何行动有了共同的理解。因此，日常生活不会先将预先存在的客体设置在个人的周围，随后让这些客体使能并限制他或她的活动。相反，客体在不断发展的社会互动中被构造为有意义的事物。

任何事物的意义都必须通过象征过程被生成、学习和传递——这个象征过程必然是社交过程。象征性互动层面上的人类群体生活是个庞大的社交过程，在这个过程中，人们在赋予客体意义的同时，生成、维持和改变了个人世界中的客体。客体没有固定的地位，只有借助人们为自己的客体所赋予的象征和定义，客体的意义才能得到维持。最显而易见的是，所有类别的客体都会发生意义上的变化……简而言之，从象征性互动论的角度来看，人类群体生活就是客体不断被创造、判定、改变和抛弃的过程。人的生活和行动必然会随着其客体世界的变化而变化。（1969：12）

根据象征性互动论，日常生活

> 是活动的过程，在这个过程中，参与者在所遇
> 到的众多状况中规划行动线。他们被卷入庞大的互
> 动过程，他们必须相互配合彼此不断变化的行动。
> 这种互动过程包括向他人暗示该做什么，以及阐释
> 他人的暗示。他们生活在充满客体的世界里，这些
> 客体的意义指引了他们的目标和行动。他们的客
> 体，包括作为客体的自己，在相互之间的行动中被
> 生成、维持、削弱和改变。
>
> （1969：20-21）

因此，日常生活是从生产意义的社会互动中构建起来
的，这些意义支撑了日常生活的理所当然性。购物中心的朋
友们，通过他们的行动和互动，创造并维持了我们所认为的
日常生活的一小部分。同样的是，当我们消费时，我们的行
动和互动生产并再生产了我们所说的消费。

常人方法论

哈罗德·加芬克尔（Harold Garfinkel）认为，日常生活

是"协调一致的日常活动的不间断达成，这种达成以平常而巧妙的方式被成员知晓、使用并被视为理所当然"（1967：vii）。此外，"在实际的互动场合中，这种达成对成员来说是无处不在的、没有疑问的、司空见惯的"（1967：9）。日常生活有"被达成的合理性、被达成的真实感、被达成的客观性、被达成的熟悉感和被达成的责任感"（1967：10）。但是，日常生活的生产，即它的达成，并不是生产者在有充分意识的情况下达成的。它几乎是毫无察觉地被生产出来的："对于成员来说，这些达成的组织方式是没有问题的，他们模糊地知道它的存在，但只是在行动中。而这种行动有着大量规范标准，并且作为无须解释的事情被熟练、可靠、整齐划一地完成"（出处同上）。换句话说，重申我们在象征性互动论中认识到的要点，这是理所当然的。身处购物中心的朋友们就是理所当然地认为他们在做的事情很正常。同样，周六下午去购物中心，无论是购物，还是只在购物中心闲逛，都是他们认为理所当然的事情。

日常生活由理所当然的意义和期望组成，这些意义和期望生产了社会生活的常规模式。这之中很多模式都是由心照不宣的假设构成的，这些假设构建了社会行动和互动的常识。如果像加芬克尔所说的那样，日常生活是"由社会组织的共同实践的偶然达成"（1967：33），那么分析的重点就是回答"这种常识世界是如何成为可能的一般性问题"（1967：36）。常人方法论的任务是使"司空见惯的场景被注意到"，使作为"阐释方案"运行的"潜在期望"（出处同上）显现出来。简单来说，就是使未被注意的东西被看到。为什么购物中心的朋友们认为他们这样做是正常的？为什么他们认为周六下午在购物中心消磨大部分时间是正常的？他们在进行什么样的消费？常人方法论试图说明这种客观存在的达成，试图拆解这一达成，以显示它是被达成的，并揭示它的运行方式和运行原因。或者，正如加芬克尔所表述的那样，"我用'常人方法论'一词指代针对索引式表达①（indexical expression）及其他实际行动的合理特性开展的学术研究，其中这些实际行动被看成是不间断地偶然实现日常生活中有组织的艺术实践的活动"（1967：11）。

正如其名称所表明的那样，常人方法论重点关注的是人们在日常活动中运用的方法。这些活动生产出日常生活——

---

① 索引式表达：在加芬克尔看来，即使词语本身已经具有特定意义，人们在使用该词语的过程中，仍可以根据共同的身份让这个词涌现出不同的意义，如此一来之后使用该词时就不必解释这个词的具体含义。例如，假设有个人每周四都跟朋友出去看电影，那么他只需说"周四？"，就能让朋友明白他所要表达的含义，而不必非要说"周四有没有空？有空的话，要不要去看电影？"。——译者注

"一种无尽的、不间断的、偶然的达成"（1967：1）——并使其能显现出来，被社会学分析捕捉到。日常生活并不生产人类活动，而是人类活动生产日常生活。没有这些活动，日常生活就不存在。换句话说，加芬克尔并不关心日常的社会结构，而是关注使结构显现的结构化活动。但他的看法更进一步：没有这些活动，就没有结构。日常生活的社会结构必须通过其成员的社会活动来组建和重组。朋友们对年轻人哭泣行为的回应并没有发生在日常生活之中，它本身就是我们所认为的日常生活的一部分。此外，他们在购物中心所做的事情组建和重组了购物的实践（无论是否购买）：没有购物者，购物就不复存在。

常人方法论始于这样一种假设，即我们都认为潜在的期望是理所当然的，而这些潜在的期望使日常生活看起来如此自然和常规。例如，如果你想象一下日常生活中两个亲密朋友之间的对话，为了真正理解他们在说什么，我们必须注意那些建构言语含义的缺失之处——也就是显而易见而无须阐明的内容。但为了让我们真正理解言语的含义，我们必须找个方法说明清楚这些缺失之处。常人方法论使用各种策略试图阐明这些潜在的期望。例如，它试图拆解日常生活的正常程序，将其理解为人类行动所组建的东西。加芬克尔认为，"策划缺乏组织性的互动应该能让我们认识到日常活动的结构如何例行公事般地被生产出来并被维持"（1967：38）。我们必须设法让人们看到"什么样的期望构成了'看得见但被忽视'的共同理解的背景"（1967：44）。为此，常人方法论提出了一种特别的策略："要让这些潜在期望进入视野，某人要么对日常场景的'平常生活'特征不熟悉，要么与之疏离"（1967：37）。因此，它试图违背潜在期望，揭示它们的结构化作用在正常情况下如何被忽视。例如，加芬克尔要求本科生像新来的寄宿生一样看待家里开展的活动。换句话说，抛去在正常情况下使社会互动可被理解的潜在期望。学生们描述了他们所看到的一切，就好像他们不清楚家人的历史、现状或惯常的动机和性格一样。这揭示了人们每天都有很多不完整的谈话和行动。正是通过关注这些空缺，日常生活的结构才在"常识"中得以揭示，这种"常识"的存在使不完整的言语变得完整，让日常生活足以被视为理所当然。如果身处购物中心的朋友之一没有充满同情地回应这个年轻人的哭泣，而是说，"我不明白你们为什么要在意这些眼泪"，那么这种情况下的理所当然性可能会突然间需要被解释，而解释可能会立即揭示出他们互动的人为建构性。如果真的发生了这种情况，那么在很短暂的一瞬间内，日常生活可能会看起来不那么普通和常规。

现象社会学

彼得·伯格（Peter Berger）和托马斯·卢克曼（Thomas Luckmann）的中心主张是"现实是社会建构的"（1991：13）。因此，要理解日常生活，我们必须将其视为"人类的产物，或者更准确地说，不间断的人类生产活动"（1991：69）。我们出生于在我们出生之前就已经存在的世界，因为很早之前出生的人的行动和互动，所以这个世界已经被构建和组织起来了。这样一来，日常生活总是被认为是由已有的规章制度、习惯和社会实践预先构建起来的。我们如何理解这个世界的意义性，以及这些意义如何反过来调节我们的行动和互动，均在习惯化的日常惯例中体现出来并得以实现。我们将这些惯例简单地视为事物的真实面貌和应对情况的所谓的自然方式。正如伯格和卢克曼所解释的那样，"所有人类活动都要受到习惯化的支配。所有经常重复的行动都会被塑造成一种模式，随后就可以用更划算的方式再生产这种模式，从而被行动者理解为这种模式"（1991：70–71）。

这些习惯化过程通常是制度化的，涉及角色和惯例，"通过扮演角色，个人介入了社会世界。通过内化这些角色，这样的世界在他主观看来是真实的"（1991：91）。我们可能是母亲、姐姐、女儿、祖母、医生、教授、清洁工或护士——

每个角色都构造了日常生活具体而可见的结构。我们的介入也使日常生活在我们主观看来是真实的，但同样地，我们所扮演的制度化角色也生产了客观的日常生活的制度化现实。我们的行动和互动有助于日常生活的不断构造。我们构造了我们的社会世界，而这些世界呈现为客观的社会现实，正是这个客观的社会现实反过来又赋能并限制了我们的行动和互动。例如，当学生开始上大学时，第一周他们就会意识到自己所进入的学校对他们的期望。要想继续成为一名学生，就必须不断满足这些期望。很快，大多数新生都会接受这些期望，认为这是理所当然的，并照着期望行动。不过我们不应因此将其视为只会限制和约束我们行动的结构，它也使我们能够行动。通过满足这些期望，新来的大学生被赋予了新的社会身份——学生。

伯格和卢克曼所说的客观化是我们借以进入人造结构的过程，就好像它们是客观结构一样（即成为一名学生）。日常生活是通过"主观过程（和意义）的客观化"（1991：34）构建起来的。我们越是内化自己之外的客观世界，这个世界就越转化为我们的世界——我们的日常现实。如果我生气或是高兴，那就会有社会认可的方式来表达这些感受。这些表达模式不是我天生就掌握的，但我已经学会并内化了它们，以至于它们现在是我所处现实的基础。它们是我以特定方式行事时所说的"语言"。这也是购物中心里的朋友们所说的"语言"。

客观化使我能够触碰到另一个人的主体性。我的朋友可以通过肢体动作和面部表情向我表明他很生气。我也可以用这些肢体动作和面部表情来向另一个人表明我很生气。但我和我的朋友并没有发明这些行动方式,我们只是借用了一套别的身体动作和面部表情,这些动作和表情客观化了主观感受。但这些借用变得如此具体化和社会化,以至于它们看起来很自然,似乎一直都存在。正如伯格和卢克曼所指出的,这是因为"我的生平经历不间断地被纳入一般意义的范畴,这些意义在客观和主观上都是真实的"(1991:54)。这些客观化不仅是日常生活的通用货币,还使日常生活成为可能。正如已经表明的那样,"日常生活的现实性不仅充满了客观化,而且正是由于客观化,日常生活的现实性才成为可能"(1991:50)。日常生活中充满了客体,这些客体展现并表达了我的同胞和我自己的主体性和主观感受。换言之,通过一系列客观化,对我自己和他人来说,我都是这样的我,而这往往是由各种社会认可的和习以为常的制度化安排所保证的。

每个人都出生在客观的社会结构中,在这个结构中，他遇到了指引他走向社会化的重要人物。这些重要人物对他施加影响。他们对他处境的定义被他认定为客观现实。因此，他不仅出生在客观的社会结构中，而且出生在客观的社会世界中。为他中介这个世界的重要人物在中介过程中对世界进行了修改。他们根据自己在社会结构中的位置，也循着根深蒂固的个人习性，来挑选世界的各个方面。通过这种双重挑选，社会世界被"过滤"给个人。

（1991：150）

现象社会学试图说明日常生活为何是人为构造物，每个人在出生时都会将这种人为构造物视为理所当然的惯例。尽管这看起来无须解释，一切都是显而易见、不言自明的，但日常生活的常规性是习得的常规性。每个人都知道什么是正常的，而这一点完全不正常。所有我认为理所当然的东西都取自我身边的世界。

我如何学会这些东西，以及我如何将它们视为理所当然，都源于我的个性以及我自己的人生处境，但这些其实都发源于社会。只有当有什么事碰巧扰乱了这一点时，我才会意识到这些事情，否则我会继续遵循日常惯例，而不会过多思考涉及本体论的问题。日常生活的现实性通过被显现在这些模式和惯例中得以维持，并通过我与他人的互动不断得到重新确证，尤其是与重要人物（家人和朋友）的互动，他们不断确证我的主观真实性以及我的地域意识和身份意识。正如伯格和卢克曼所解释的，"日常生活的现实性被理所当然地视为真实性。不需要在其纯粹存在之外进行额外验证。它就在那里，有着不言自明、令人信服的真实性。我知道它是真的。虽然我有能力对它的真实性产生怀疑，但我必须中止这种怀疑，因为我总是存在于日常生活之中"（1991：37）。购物中心的朋友们毫不怀疑他们所做的事的常规性，而他们所做的事确证并再生产了他们对日常生活常规性的理解，在这种常规性中，各种形式的消费都被视为理所当然。

行动者网络理论

根据布鲁诺·拉图尔的说法，行动者网络理论"只是忠于常人方法论见解的另一种方式：行动者了解自己的行动，我们不仅要从他们身上了解他们的行动，还要了解他们行动的方式和原因"（1999：19）。换句话说，日常[2]总是在实践中得以现实化。例如，它出现在日常事务和对话中。与常人方法论一样，行动者网络理论认为，社会不应被视为给定的、可以用来解释人类行动和互动的物质范畴。相反，它应该被视为根据人类和非人类的行动和互动而组建起来并不断被重组的东西。它不应该被理解为特殊的定位或空间，而应被理解为"极为特殊的重新关联和重组运动"（Latour, 2007：7）。

拉图尔区分了社会的示例性定义 ① 和操演性定义。将社会视为操演性的而非示例性的，会产生一种截然不同的日常生活概念。在示例性概念中，日常生活可以被指明，无论是否有人行动，这种日常生活都存在，而在操演性定义中，日常生活只存在于对它的操演中，如果停止了对它的操演，这种日常生活就不存在了。朋友们在购物中心所做的事并不是在日常生活的背景下进行的，而正是在他们的行动和互动中，日常生活被生产出来并被再生产。对社会的分析必须通过其"不断变化的临时状况"来考察它（2007：87）。正如拉图尔以类比进一步解释的那样，"如果舞者停止跳舞，那舞蹈就结束了"（2007：37）。如果我们以这种方式设想社会，那它就"不是场所、事物、范畴或某类东西，而是临时而全新的关联运动"（2007：238），由此可见，它不可能是展示社会力量、发生异化或口误的舞台，因为这些事物正是构建

---

① 示例性定义：指不阐述事物的具体定义，而用具体的例子来指明事物。——译者注

社会的物质部分。正如拉图尔所说，"社会是关联的结果，而不是关联的原因"（出处同上）。因此，"它并没有指定现实的范畴……它是实体之间的关联，除了这些实体重新组合在一起的短暂瞬间，它们在一般情况下不能被识别为具有社会性"（2007：64-65）。例如，短信、眼泪、纸巾、拥抱、安慰的言语，以及随之而来的对女友的愤怒的醉话，这些并没有在日常生活中上演，它们都是日常生活结构的一部分。由此可以修改之前提出的观点，没有消费者，消费就不复存在。

因此，当我们发现行动者网络理论与它所称的关于社会的社会学（即将社会作为稳定不变的研究对象的社会学）相对立时，就不该感到很惊讶了。正如拉图尔所解释的，"社会是以特定方式循环的东西，而不是可以被客观的凝视所切入的世界"（2007：127）。行动者网络理论指责其他社会学家使用"社会"一词来指代两种截然不同的事物："其一是局部的、面对面的、无遮掩的、无准备的和动态的互动；其二是一种独特的力量，它被认为可以解释为什么这些相同而短暂的面对面互动会变得影响深远和经久不息"（2007：65）。换句话说，如果社会是由人类的行动和互动组建的，那么它就不能用来解释这些行动和互动。你不能对经济活动或语言的使用做出社会性的解释，因为正是通过这种活动和使用，社会才被组建起来。因此，为了找到社会的关联，我们应该"跟随行动者本身"（2007：179）。例如，散步可能是一项日常活动，但我们研究的中心点应该是散步本身，而不是由社会使能和限制的散步。散步并没有被放置在社会的语境中，它是使社会短时间内可见的关联之一。正如拉图尔所指出的，"'社会'不是某种可以固定一切的胶水……它是由许多其他类型的连接物粘合起来的东西"（2007：5）。这些其他连接物是像经济和语言的使用之类的活动。它们不能得到社会性的解释，因为它们是我们称之为社会的组合体的一部分。因此，"社会性并不是在众多事物中指明其中一种事物……而是指事物之间的一种联系，而这些事物本身并不是社会性的"（出处同上）。我们不应该基于稳固不变的社会概念，在人类的行动和互动之上强加社会性解释，而应该试着追随那些一同组建和重组社会的行动者。因此，我们不应该在实证研究之前就判定社会由什么构成。我们的研究对象应该是社会的操演活动，而不是作为操演场所的社会。如果没有这样的操演活动，社会将不复存在。从行动者网络理论的角度来看，社会由许多操演行为组成，这些操演使社会能显现出来，被分析视野捕捉到。而身处购物中心的朋友们便造就了让社会显现出来的瞬间。

在社会中，不仅有人的行动和互动，而且有人与客体的行动和互动，以及客体之间的互动。此外，我们与他人的许多互动都是通过不同种类的客体中介的（见第五章）。无论我们是乘坐公交车或汽车去上班，穿西装或便服去开会，还是在度假时睡在帐篷或酒店里，这些不同的客体都会对我们行动的现实化产生不同的影响。也正是因为它们会产生不同的影响，行动者网络理论才将它们视为行动中的"行动者，或者更准确地说，参与者"（2007：71）。上次我去康沃尔郡的圣艾夫斯时，住在一间可以俯瞰大海的美丽公寓里。这与我第一次去的时候多数时间睡在海滩上的经历大不相同。在我与康沃尔郡的互动中，两次游历都涉及不同的"行动者"。因此，当我们试图解释日常生活时，必须辨别出人类和非人类行动者的行动和互动。换句话说，日常生活是通过对客体的使用重新组建起来的。"如果行动事先局限于人类所做的'有意图''有意义'的事情，那就很难想象锤子、篮子、闭门器、猫、地毯、马克杯、名单或标牌如何行动"（出处同上）。拉图尔反对客体不行动的观点，他认为"任何通过产生不同的影响来改变事态的东西都是行动者……因此，关于能动主体要问的只是如下问题：它是否对其他能动主体的行动过程产生了不同的影响？"（出处同上）。当我在圣艾夫斯度假时，在海滩上消磨时光与在美丽的公寓里消磨时光会产生不同的影响。如果其中一个朋友拿出了她最喜欢的丝绸手帕而不是纸巾，这就会对行动产生不同的影响。

行动者之间的互动总是发生在网络中。此外，我们必须将行动者视为相互关联的，否则我们将无法理解日常生活。换句话说，要理解一件事，你必须看到它与其他事物的关联，必须将其视为网络的一部分。正如我们所指出的，这种网络通常包含人类和非人类。然而，这种网络总是被操演的网络。事物所处的网络并不一定非得是自然的，在其他时候，它也可能处于其他网络之中。此外，正是某个事物在给定网络中的操演方式或被要求操演的方式，决定了它所处的位置，并由此决定了它的临时意义和重要性。例如，如果一家美术馆展出一组来自某地的照片，那这些照片将暂时存在于与其他照片、美术馆空间和某地的关联中。尽管这些照片是由不同的摄影师出于不同的目的（婚礼、体育赛事、矿难、工业罢工）拍摄出来的，但画廊会把它们都放在一个网络中，在这个网络中，它们之间主题和目的的差异会被削弱，原因在于它们都会因为向美术馆的受众介绍该地方的情况而具有重要意义，至少暂时会有重要意义。一旦被移出美术馆，所有照片都会返回到其他网络。当把最喜欢的丝绸手帕递给哭泣的年轻人时，该手帕处于某个网络中；当手帕被她的祖母送给朋友时，它就会处于另一个网络中；当它被归还、清洗和熨烫时，还会处于其他网络中。同样的是，在酒吧里递给年轻人的饮料与他朋友给他买的其他饮料不同，因为它具有非常特殊的情感内涵并承载着同舟共济感。

客体既可以是中介，也可以是媒介。拉图尔坚持认为，这两种可能性之间的区别是公认的。媒介原封不动地传达意义，而中介则"转换、转译、扭曲并修改……它们应该承载的意义"（2007：39）。海滩和酒店都是我对圣艾夫斯体验的中介。大多数媒体技术最初都是作为中介出现的：也就是说，当它们在我们技术白痴般的闹剧中充当行动者时，对它们的不当使用变成了它们本身就有的意义。然而，一旦我们掌握了这项技术，它们就会成为媒介。如果技术出现故障，它就有可能再次成为中介，再次成为我们日常生活戏剧中的行动者。例如，当我演讲时，我在报告厅里使用的 PPT 中介了学生和我本人的关系：技术是我们互动体验的基础。换言之，我们之间的互动涉及技术，而这项技术不仅是媒介，它还充当中介——我的言语出现在 PPT 上，而不仅仅是由我口述的，这就产生了不同的影响。同样的是，最喜欢的丝绸手帕也可能像其他朋友提供的纸巾一样成为媒介。但由于这个年轻人知道这是朋友最喜欢的手帕，所以它就成了中介，因为它传达了一种特殊友情的额外意义，以及包含更多意义的可能性。

根据拉图尔的说法，网络是"一连串行动，在行动中，每个参与者都被视为彻头彻尾的中介"（2007：128）。在网络中，所有行动者都行动：这之中的运动不在媒介之间，而在中介之间。"一旦行动者不被视为媒介，而是被视为中介，它们就会使社会的运动变得可见"（出处同上）。在网络中，并不存在媒介之间因果关系的传递，而存在行动者使其他行动者采取行动的一系列关联。遥控器不会让我变成懒惰的人，但它使我有可能成为懒惰的人。我的行为和红外信号使能的事情之间有关系，但这不是简单的因果关系。它是懒惰操演中的行动者。此外，很容易理解的是，不行动的行动者就不是行动者。

如果我们把它延伸到对日常生活的思考中，它会让我们注意到这个概念的困境。正如我们所看到的那样，日常生活本身往往被视为一种物质实体，即发生特定日常程式的领域。但也许我们最好把它看作流变的东西，只有在形成关联的短暂瞬间才能看到它，认识到这些关联总是既涉及人类也涉及非人类。因此，要解释日常生活，我们不应该一开始就认为我们清楚它为何物。相反，必须根据证明它存在的依据将它组建为研究对象。此外，如果我们非要明确区分物质的行动与互动和社会的行动与互动，那我们就无法理解客体对行动和互动的介入。根据拉图尔的说法，

人类的任何行动过程都可能在几分钟内就交织

在一起，例如，大声命令砌砖，水泥与水的化学连接，滑轮通过手的动作对绳索施加的力，用火柴点燃同事给的香烟，等等。在这里，物质和社会之间看似合理的划分，刚好模糊了关于集体行动如何成为可能的所有问题。

（2007：74）

物质和社会交织在一起，即人与人、物与物、人与物的行动和互动，这也是其他社会学家所说的社会和日常生活的组合体。

思考日常生活的常见方式是将其理解为结构和能动性的关系：日常生活这种结构使能并限制日常的人类行动和互动。行动者网络理论所做的其中一件事就是使这种关系复杂化。从行动者网络理论的角度来看，日常生活的含义是非常清楚的。我们不能把日常生活假定为日常上演行动和互动的舞台。这种同义反复会混淆因果关系，因为正是日常生活的行动和互动（"结果"）生产了我们所认为的日常生活的使能和限制结构（"原因"）。但这在事实上是真的吗？我们可以提出一个反驳，即我们坚持认为日常生活总是作为规则和期望的历史/时间结构而存在，每个新的日常行动和互动都必须遭遇并顺应这些规则和期望。这种关系不是因果关系，而是历史的辩证关系。什么被描述为原因，什么被描述为结果，不能简单地被颠倒；它们必须被视为在辩证的历史关系中同时存在。换言之，日常生活是使能和限制能动性的结构，与此同时也是通过能动性全新的行动和互动被不断再生产的结构。认为日常生活的结构使能并限制日常生活的能动性，就是忘记了这个结构本身是由它所声称使能和限制的能动性组成的。因此，尽管当舞者停止跳舞时，舞蹈的确就结束了，但同样真实的是，如果没有舞蹈的概念，舞者就永远不会开始跳舞（或者，至少我们不会知道她在跳舞）。换句话说，演员造就了戏剧，但戏剧也造就了演员。这种关系是历史的辩证关系。"我们创造历史，但不是在我们自己选择的环境中"（Marx，1977：10）。换言之，历史环境总是先于创造历史的新行动，正是因为这些环境早已存在，所以它们使能并限制新行动。这不是因果关系，而是这样一种关系，在其中，结构（由能动的行动组成）使能并限制新的能动性形式，与此同时又被这种行动和互动再生产。

实践理论

实践理论采用了许多影响了象征性互动论、常人方法论、现象社会学和行动者网络理论的假设。实践包括一系列相互关联的身体和心理活动，其中身体行为（做某事的方式）与心理行为（阐释模式、习得的假设、预设和期望）相结合。正如西奥多·沙茨基（Theodore Schatzki）所解释的，实践是"行为和言论在时间上逐渐展现并在空间上散播的复杂联结"（引用于 Warde，2017：82）。根据沙茨基的说法，言论和行为有三种联系方式："（1）通过理解，例如对该说什么和该做什么的理解；（2）通过明确的规则、原则、戒律和指示；（3）通过我所称之为'目的情感'[①]（teleaffective）的结构，它包含意图、计划、任务、目的、信念、情绪和心态"（出处同上）。在朋友们对在购物中心哭泣的年轻人做出的反应中，我们可以发现上述所有联系方式。

根据实践理论，消费本身不是一种实践，而是我们所开展的实践的一部分。我们的消费方式和消费内容与我们所开展的社会实践密不可分。在英国，周六下午吃馅饼和喝保卫尔牛肉茶（Bovril）曾是看足球比赛时的传统习惯的一部分。但在当下，如果我们在电视上观看比赛，就不太可能吃馅饼、喝牛肉茶。同样，在家看电影时可以复刻在当地电影院里吃爆米花的做法，但通常只有在知道去电影院会做什么

[①] 此处似乎是作者笔误，目的情感的英文应是"teleoaffective"。——译者注

事情时，这种行动才会发生。实践过程中发生的事从来都不是由实践本身决定的。在一系列不同的实践中都可以找到阅读行为，同时可以发现在每种情况下，阅读行为都是截然不同的。夏日在后花园或当地公园阅读消遣与在大学图书馆为考试而读书截然不同。在这两种情况下，我们都在阅读，甚至可能都在读同一本书，但每种实践都分别决定了我们的阅读方式以及由此可能产生的结果：（a）我可能会与家人和朋友讨论我所阅读的东西，或者（b）我可能会为即将到来的考试做笔记。回到我们不断重提的例子，如果这位年轻女子给他的是纸巾而不是丝绸手帕，那就会让友情实践大不相同。因此，要理解消费，我们需要考察的不是个人消费者的活动，而是位于社会实践中的消费。例如，购物是一种结合特定身体活动与一系列精神活动的实践。每位购物者都让购物实践显现出来。当我们实施这种操演时，就成了安德烈亚斯·莱克维茨（Andreas Reckwitz）所说的"实践的载体"（2002：250）。[3] 如前所述，购物需要购物者，但正是购物的实践使我们成为购物者。我们作为购物者的身份只有在购物的社会实践中才会显现出来。因此，购物者是实践的身体和精神活动的载体，正是这种实践把他们定义为购物的人。如莱克维茨所解释的，"因此，在实践这种程式化的方式中，身体被移动，客体被处理，主体被讨论，事物被描述，世界被理解"（2002：250）。购物是一种实践，在其中，个人购物者的精神和身体程式得以再生产。但是，正如我们在购物中心朋友的例子中所看到的那样，购物涉及许多不同的消费形式。

　　与本章讨论的其他方法一样，实践理论要求我们重新思考结构和能动性的问题。在两者的关系中，能动主体不可以忽视结构，而结构也无法决定能动主体的行动。相反，结构是在能动主体的活动中被反复再生产的。因此，我们的主要关注点不应集中在个人行动者身上，也不应集中于有决定作用的结构，而应集中在使能并限制人类活动的实践上。购物不是决定购物者必须如何行动的结构，购物者也不是各自定义购物的自由能动主体。相反，购物是借由购物者的身体和精神活动显现出来的实践。因此，在实践理论中，只有当主体成为社会实践的载体时，结构才会显现出来。正如伊丽莎白·肖夫（Elisabeth Shove）所坚称的那样，"占主导地位的辞藻和论断将实践'固定'在适当的位置上，以至于实践随着论断依据正当性的改变而改变，并且实践也将在对持续存在的结构性问题的重新阐述中进行调整。同时，我坚持认为，正是实践的程式化为这些论断赋予了集体的力量"（2003：95）。说出或写下某种语言是实践。就像所有实践一样，语言既赋能又限制。它使我们能够交流，同时限制我们所能说的话。此外，它作为制度的可见性在交谈和书写中得到了体现和再生产。有时，我们说话的方式可能会使语言的使用发生更广泛的变化。青年亚文化就是总会出现这种情况的典型例子。购物中心的朋友们就在持续参与对"购物"含义的重新定义。

实践既是一种操演，即完成某事（能动性），也是一种行动模式（结构）。日常生活存在于个人行动的操演中，而这些行动又反过来生产并再生产了一种行动模式。正是这种行动模式固化成了习惯和程式。伊丽莎白·肖夫、米卡·潘萨尔（Mika Pantzar）和马特·沃森（Matt Watson）区分了"作为操演的实践和作为独立实体的实践"（2012：7）。购物作为一系列明显可见的独立实体存在——商店、商品、销售人员等。但它也作为一系列操演存在，我们称之为"去购物"。正如他们所解释的，

> 正是通过操演，通过行动的直接性，作为独立实体的实践提供的"模式"才得以充实和再生产。只有通过连续的操演时刻，构成实践实体的要素之间的相互依存关系才能随着时间的推移而持续。因此，[一种实践]之所以存在并持续下去，只是因为无数次的反复上演，每一次上演都再生产了实践所

包含的相互依存的关系。

（出处同上）

尽管这一点毫无疑问，购物的确通常是照本宣科的实践，但这并不意味着能动性总是消失在结构的重压之下。我们必须记住，在这种情况下，结构是由能动性的累积构成的。换言之，照本宣科的实践包括能动主体的行动，随着时间的推移，这些行动成了结构的程式和习惯。曾经新鲜的、不同寻常的事物，如今变得很正常，并融入了习惯和程式之中。被安慰的年轻人就是作为操演的实践的例子，这种实践又反过来生产了作为独立实体的友情实践。

很多消费都是不起眼的。正如艾伦·沃德（Alan Warde）所解释的那样，"大多数消费都是习惯性的，无反思性的"（2017：73）。[4] 它存在于社会构建的日常生活习俗和习惯中，没有引起太多注意。当然，除非我们不熟悉这些习俗和习惯，否则我们几乎不会注意到它。当处于这种情况时，对他们来说很自然的事情对我们来说可能很奇怪。肖夫用非常有说服力的一句话表明了这一点，实践理论涉及对"常规性的构造以及习惯和程式的动力学"的研究（2003：1）。重复和重现并不能使它变得"自然"。程式和习惯是后天习得的行为模式。正如肖夫所指出的，"常规性由人们平常所做的事情组成"（2003：115）。不符合某些社会习俗通常会被视为不正常。如果朋友们没有安慰他们的朋友，这将违背他们的"常规"感。[5]

注释

1　关于日常生活被大众视为"社会学家的天堂"的有趣的非社会学叙述，请参阅约翰·库珀·克拉克（John Cooper Clarke）的表演诗《比斯利街》（*Beasley Street, The Very Best of John Cooper Clarke*，Sony）。

2　在本章中，我假定"日常""日常生活"和"社会"或多或少具有相同含义。因此，我可以交替使用前两个词。只有在"社会"一词对解释拉图尔的思想不可或缺时，我才会使用该词。

3　这很像路易斯·阿尔都塞（Louis Althusser）提出的非常有影响力的意识形态理论（参阅 Althusser，2019；Storey，2021a）。

4　沃德声称"大多数消费都是习惯性的，无反思性的"（2017：73），这一说法值得质疑。虽然我可能会因为需要进食而购买三明治，但我买什么三明治取决于特定考量：例如，我能花多少钱，我打算在哪里吃，我和谁一起吃，我吃完打算做什么。这些事都需要一些反思。因此，虽然饮食的需求是习惯性的，无反思性，但饮食的过程可能完全不是这样的。

5　如果我们在探索巴特勒的操演性理论时（见第三章）讨论了周六下午购物中心朋友们的例子，我们可能不得不考虑一个令人不愉快的版本，即男性认同在所发生的事情中可能发挥了作用。这个哭泣的年轻人的一些朋友可能会偷偷嘲笑他没有男人味，这表明他真的配不上他的女朋友，因此这段关系的终结是不可避免的。

第七章

文化研究后的社会学

在本章中，我讨论了文化研究对消费社会学的贡献。基于奠基者之一雷蒙德·威廉斯（Raymond Williams）的研究，我首先简要概述了文化研究的理论基础。随后介绍了另一位文化研究的奠基者理查德·霍加特（Richard Hoggart）在其研究中对消费的讨论。随后，根据我在其他地方发表的文章，我概述了关于阅读行为（通常不被认为是消费）的专题研究，探究了阅读行为如何成为评估我们可以称之为乌托邦小说政治（包括反面乌托邦和反乌托邦[①]）的基础。

文化研究

顾名思义，文化研究的主要关注点是对文化的研究。为

[①] 反面乌托邦通常会描述乌托邦社会的丑态、压抑和道德沦丧，反乌托邦的意义则更广泛，并不一定会描绘灾难性的未来，而着重于对乌托邦社会构想的反思。——译者注

了充分理解这一点，我们必须理解文化研究中"文化"的含义。在简要介绍文化研究的文化概念之后，我将解释这一概念如何影响人们对消费的理解。在为方塔纳新社会学系列撰写的《文化》一书中，威廉斯将他所称的文化概括为"一种现实化的表意系统"（1981：12），认为它是塑造并联结所有生活方式的基础，并坚持认为以这种方式定义的文化应被视为"在根本上参与了所有形式的社会活动"（1981：13）。正如他进一步解释的那样，"文化的社会组织结构，作为一种现实化的表意系统，嵌入一系列活动、关系和制度中，其中一些活动、关系和制度显然是'文化的'"（1981：209）。虽然生活不只是表意系统，但事实上，"如果认为我们可以有效地讨论社会系统，而不必涉及作为其实践核心部分的社会表意系统，那就大错特错了。社会系统作为一个系统，从根本上依赖于表意系统"（1981：207）。换句话说，意义化是所有人类活动的基础，包括消费实践。[1]

因此，正如威廉斯所定义的那样，文化并不局限于艺术或不同形式的知识产出，它是人类所有实践的一个方面。例如，如果我要把名片递给某个中国人，礼貌的做法是两只手递过去。如果我一只手递名片，那可能会冒犯别人。这显然是文化的问题。然而，文化不仅关涉社会行为，也不仅关涉名片的物质性，还关涉行为和名片的现实意义。换句话说，用两只手在根本上与礼貌无关，交换名片在根本上也与礼貌无关，但用两只手递名片是为了表示礼貌。意义化已经包含在物质客体和社会实践之中了。因此，正如威廉斯所坚称的，"意义化，意义的社会创造……是……实践的物质活动"（1977：34）。这是一种需要人类能动性的社会实践。它不是抽象的东西；它根植于人类的行动和互动之中。因此，根据这一定义，共享同一种文化就意味着用可识别的相似方式来诠释这个世界，使其具有意义并体验其意义。当威廉斯说到"文化很普通"（1989；最早出现在1958年）时，他是在让人们注意这样一个事实，即创造意义不是少数人的特权活动，而是我们所有人都参与其中的事情。然而，这当然并不意味着我们都以同样的方式参与其中。意义的创造与所有社会活动一样，常常被卷入权力关系之中。虽然我们可能都参与了意义的创造，但事实上，某些意义以及创造它们的人比其他人和其他意义更有权力。因此，表意系统包括共享的意义和相互竞争的意义。在文化中，我们共享并争论自身的意义、彼此的意义以及我们所处的社会世界的意义。

威廉斯的主张受到了安东尼奥·葛兰西的"霸权"概念的影响。葛兰西用霸权来描述权力过程，在这个过程中，占主导地位的群体不仅通过武力来统治，而且通过合意来控制：

它施加"智力和道德上的领导"（2019：69）。霸权涉及一种特定的共识，在这种共识中，某个社会群体将它自己的特定利益呈现为整个社会的普遍利益：它把特殊变成了普遍。霸权通过将潜在的对立转化为简单的差异来发挥作用。[2] 这在某种程度上是通过意义的流通得以实现的，这种流通通过固定社会关系的意义来固化支配地位和从属地位。正如威廉斯所解释的，霸权是当下的意义和价值系统……它由此构建了大多数人的现实感……从最强势的意义上说，它是一种"文化"[被理解为现实化的表意系统]，但这种文化也必须被视为当下特定阶级的支配地位和从属地位（1977：110）。

霸权试图使社会中充满支持主流权力结构的意义。在霸权局势中，从属群体看似积极支持并赞同社会的价值、理念、目标等，正是这些事物将他们纳入了支配和从属的关系中。然而，正如威廉斯所注意到的，霸权"并不只是作为统治形式而被动地存在。它必须持续不断地更新、重建、防御和调整。它也持续不断地受到抵抗、限制、改变和挑战"（1977：112）。因此，尽管它具有高度共识的特点，但它从来都不是没有冲突的，也就是说，总会有抵抗。然而，霸权试图阻止意义的涌现，它试图将意义化削减为可以控制的意义。为了保持霸权地位，冲突和抵抗必须始终得到引导和遏制——为了占主导地位的群体的利益被重新阐释。

但我们不应将霸权视为社会控制或主流意识形态的另一种说法，将所有抵抗都扔进权力的垃圾桶。霸权是积极主动的过程，是**霸权化**，是为了捍卫普遍的权力结构而创造并再创造"常识"。由于这是积极的过程，所以它总是隐含着自身的反面——**反霸权化**。换言之，霸权不仅包括共识和胁迫，还包括融入和抵抗之间的"某种折中平衡"（2019：69）。正如葛兰西所指出的，

> 在如今的议会制度的经典地带上，"正常"行使霸权的特点是武力和合意相结合，两者相互平衡，而不是武力过度压倒合意。事实上，他们总是试图确保武力看似建立在大多数人的合意的基础上，而这些合意是由所谓的舆论机构——报纸和媒体——表明的，因此，在某些情况下，这些机构会人为地成倍增加。
>
> （出处同上）

语言使用的运作方式与霸权的折中平衡大致相同。语言既是操演又是系统。它是促成能动性的结构，但为了有意义，它所促成的能动性必须停留在该结构的现行规则范围内。消费的运作方式也是如此。虽然我们对所消费的东西有

一定的选择权，但我们很少可以选择什么东西可供消费。同样，生产和消费之间、结构和能动性之间总是存在"某种折中平衡"。

从威廉斯的作为现实化的表意系统的文化概念中，我们可以得出两个结论，我想表明，这两个结论都指出了消费作为研究对象的重要性。首先，尽管世界存在于文化之外的所有它所使能并限制的物质性中，但只有在作为现实化的表意系统的文化中，世界才能变得有意义。换句话说，意义化具有"操演性效应"（Austin，1962；Butler，1993，1999，以及第三章），它看似只能描述现实，但正是它帮助构建了这种现实。此外，意义影响并组织社会行动。正如斯图尔特·霍尔所解释的，

> 意义……控制并安排我们的行为和实践——它们协助制定组织和管理社会生活的规则、规范和惯例。因此，它们是……那些希望治理和规范他人行为和思想的人所试图构建和设计的。
>
> （1997：4）

在将文化视为现实化的表意系统中，我们可以得出的第二个结论涉及为意义而斗争的可能性。正如第一章所讨论

的，鉴于同一个"符号"（即所有可以被用来表达意义的东西）可以被赋予不同的意义，因此意义的创造总是潜在的斗争场所。意义的创造总是面临着沃洛西诺夫所认为的"符号的多音调性"（1973：23）。符号可以用不同的"音调"来表达，而不是被铭刻上单一的意义；也就是说，在不同的语境下，它可以被用来表达不同的意义，具有不同的权力效果。因此，这个符号始终是"不同取向的社会利益"的潜在场所（出处同上），在实践中往往是"斗争……的舞台"（出处同上）。那些有权力的人试图"让这个符号具有单一音调"（出处同上）。换言之，"符号"不是意义的发布来源，而是在特定语境中被重新表述时，可以生产意义（可变意义）的表达场所。为某种事物创造意义的不同方式并不是纯粹的语义游戏，它们是权力斗争的重要部分，这场权力斗争针对的是什么事物可能会被视为"正常"或"正确"——意义政治的例证。这涉及谁能拥有定义社会现实的权力和权威，使世界（及其中包含的事物）以特定的方式具有意义并具有特定的权力效果。所有试图固定消费意义的尝试都是意义政治的例子。

尽管文化研究将消费视为"能动性"的一种形式，但它至关重要地意识到，能动性总是在特定结构的范围内发生。能动主体在消费时通常会意识到自己主动在做的事，为了理解这一点，我们需要进行各种形式的民族志研究。但能动主体可能并没有完全意识到自身消费行为所处结构的全部重要意义。不过这并不是说能动主体总是被动地被使能并限制消费范围的结构所定位，而是为了说明，要理解可能发生具体消费实践的结构条件，我们始终需要从理论上构建研究框架。如此一来，我们可以认识到研究消费与我们所研究的消费体验并不相同。换句话说，不应该假装我们的研究只是对研究对象的纯粹复写。如果两者完全一样的话，那民族志研究又有什么意义呢？

民族志不只是为了描述消费现象，而是为了理解消费现象。在经典文化研究著作《学做工》（1977）中，作者保罗·威利斯（Paul Willis）对受教育和不受教育的工人阶级孩子进行了研究，最终他比这些孩子更了解学校教育所能带来的全部后果，在读了这本书之后，我们也清楚知道了这些后果。这并不是要过分拔高或是轻视民族志所研究的问题，而是要认识到，我们一直要做的不只是描述和复写我们所研究的消费者的自我认识。正如社会学家安东尼·吉登斯在讨论威利斯的研究时所注意到的那样，工人阶级的男孩们意识到自己在学校权力结构中的位置，并通过各种反叛行为对此做出回应。但他们不那么清楚的是学校之外的权力结构，以及这些权力结构与学校的权力结构之间可能存在的关系。此外，他们成功地抵制了学校的权力结构，而这导致他们所接受的教育直接导向非技术性的、没什么收益的劳动。正如吉登斯所注意到的那样，通过这种方式，他们的行动促进了"资本主义工业劳动的某些普遍特征的再生产。换句话说，约束通过相关能动主体的积极参与而发挥作用，而不是作为他们被动接受的某种力量而发挥作用"（1984：289）。男孩们很快就会完全意识到对教育的"抵抗"如何推动他们踏入特定的劳动模式。威利斯的理论框架让他们了解到他们的行动同样有助于工业资本主义的结构性需求和阶级不平等的再生产。正如社会人类学家乔治·马库斯（George Marcus）和迈克尔·费希尔（Michael Fischer）所注意到的，

威利斯毫不掩饰地关注他所研究的工人阶级主体对于资本主义过程本质的深刻见解，以及在具有讽刺意味的学校反叛行为中显露出的他们有限的自我理解。在学着抵制学校环境的过程中，这些小伙子确立了各种态度和实践，而这将他们固定在阶级位置上，排除了向上流动的可能性。所以反抗是资本主义阶级关系再生产过程中的隐秘部分。学校层面上的文化学习和反抗行动的局部形势与车间层面上资本主义生产中的劳动形势联系在一起，这真是

意想不到的后果之一。

（1986：82）

因此，声称文化研究拒绝结构的绝对决定力量，将消费视为"个人能动性和选择的领域"（Warde，2017：42）是完全错误的。拒绝像傻瓜一样消费的观点并不意味着人们在选择上是自由的能动主体。我们如果要寻找文化研究在消费问题上的指导原则，那可以在马克思关于创造和环境的辩证法中找到。正如他所解释的，"人类创造属于自己的历史，但他们并不是随心所欲地创造；他们不是在自己选择的环境中，而是在直接碰到的、给定的和从过去继承下来的环境中创造历史"（1977：10）。套用马克思的话，个人确实会消费，但他们并不是随心所欲地消费，他们不是在自己选择的环境中，而是在直接碰到的、给定的和从过去继承下来的环境中消费。换句话说，我们的消费选择通常来说根本不是由个人决定的，而是由我们的社会和文化位置塑造的。当文化研究坚称消费是积极主动的过程时，这并不像某些评论家所说的那样，是在声称它是不受约束或限定的事物，这种约束或限定也就是马克思所说的**环境**。很多事情都可能会限制我们消费物品时的选择自由。此外，在消费方面，什么才能算实用或满足，这往往涉及社会和文化问题。如果消费只与个人偏好有关，我们就不会看到与民族、"种族"、阶级或性别等相关的消费模式集合。

文化研究所坚持的是，消费与生产活动的关系总是与其他关系相类似——关键同源性（critical homology）——这些关系有助于我们理解消费／生产关系（见表7.1）。正如威廉斯所说，"我们必须找出实践的本质，然后找出它的条件"（1980：47）。我认为，该想法会带来一个重要观点，即生产提供的并不是机械的决定因素，而是消费这一社会实践的存在条件。因此，尽管将人们消费的商品定位在它们所处的经济条件的确很重要，但遵循这种思路并认为你已经分析了有关挪用和使用的重要问题显然是不充分的。这种观点认为消费实践必须反映生产活动的"意图"，但这过于简单化，而且在分析上是无效的。资本主义商品是具有使用价值和交换价值的双重存在。这一论点的关键是，"在研究商品的实际使用之前，无法知道商品的使用价值"（Lovell，2019：596）。正如马克思所注意到的，商品的使用方式"可能源于胃口"或"想象"（1976a：125）。此外，正如泰瑞·洛弗尔（Terry Lovell）所指出的，

商品的使用价值，对于使用和购买商品的个人与对于生产和销售商品的资本家来说是不同的，相

应地对于整个资本主义来说也是不同的。我们可以
假设，人们购买这些……人工制品并不是为了让自
己暴露在资产阶级意识形态之中……而是为了满足
各种不同的需求，而这些需求只能在缺乏分析和研
究的情况下猜测。物品对于购买者的使用价值……
并不一定兼容于它作为资产阶级意识形态对于资本
主义的效用。

（2019：598）

表 7.1　关键同源性

结构	能动性
创造	环境
融入	反抗
单音调	多音调
使用价值	交换价值
生产	消费

正如洛弗尔的意见所表明的那样，区分商品生产者的权
力和他们的影响力是很重要的。这两者经常被混为一谈，但
并不一定是完全一样的。如果我们的关注点是消费，那么我
们的重点必须是被实际体验到的消费，而不是在先前对生产
关系的分析中就已经被决定的应该被体验到的消费。

识字的用途

霍加特承袭了利维斯主义[①]（Leavisism，参阅 Storey，2021a）的假设，即工人阶级的文化完全由文化工业生产出的商品组成。因此，要理解工人阶级阅读的书只需分析书作为消费品是如何被生产出来的。霍加特的《识字的用途》挑战了这一双重假设。这本书的第一部分与支撑第二部分的主张相反，工人阶级文化和大众文化之间有着明显的区别。[3]两者有关联，但它们并不相同：工人阶级文化是通过消费文化工业生产出的大量文本和实践而主动创造出来的。霍加特再三尝试在大众文化和工人阶级文化之间做出明显的区分：

> ［我们必须试图理清］大众出版物与普遍被接受的态度之间的联系，它们如何改变这些态度，以及如何遭遇反抗。

> （1990：19）

[①] 利维斯主义：利维斯深受马修·阿诺德（Matthew Arnold）的影响，他们都认为文化是文明的最高点，也是受过教育的少数人所关心的问题。——译者注

这些趋势［大众文化的传播］正在遭遇反抗。

（1990：174）

那些［"唱或听这些歌的"］人，往往会让歌曲看起来比实际更好。

（1990：231）

人们往往按自己的方式阅读［报纸和杂志］。因此，即使在这方面，他们受到的影响也比购买行为所表明的程度要小。

（出处同上）

人们普遍认为……工人阶级比自己更容易受到阅读的影响。

（1990：238）

我一再强调的对［大众文化］的反抗。

（1990：246）

人们的生活并没有想象中那么贫瘠，并不像某些略微读过相关文学作品的人所认为的那样。

（1990：324）

这些不同主张的基础是一种区别，即为获得利润而强制推行的大众文化，与工人阶级的作为挪用、反抗和创造形式的消费之间的区别。正如我们看到霍加特在其他地方所说的

那样，这种区别对他来说非常重要，并且对文化研究的发展
至关重要。1963 年，他在伯明翰大学发表了教授职位就职演
说《英格兰学派与当代社会》，而这实际上也正是当代文化
研究中心（Centre for Contemporary Cultural Studies，CCCS）创
立的时刻。在演说中，他呼吁"对受众从粗制滥造的素材中
实际获得的东西多一点谦逊"（1970：242）。在自传的第一
卷中，他也提出了类似的观点，重复了这样的说法，即在考
察"人们会怎样对待这些素材"（1991：135）的过程中，可
以学到很多东西。

有鉴于利维斯主义者谴责文化工业的产品对消费者施加
的影响，霍加特在第一部分中将这类产品定位在实际的消费
实践和文化创造之中。简单来说，这是从商品本身或商品的
生产方式来解读商品之影响与从商品的消费方式来解读商品
之影响的区别。让我们考察一下霍加特最著名的例子之一，
乘长途汽车去海边旅行：

> 在那之后，人群散开了。但他们几乎不会相隔
> 很远，因为他们清楚自己在小镇和海滩上所拥有的
> 位置，在这位置上，他们才会感觉自在……他们很
> 愉快地走过商店，也许会喝点东西，坐在躺椅上吃
> 冰激凌或者薄荷夹心糖，发出一阵阵大笑声——笑

约翰逊夫人坚持要把衣服塞进灯笼裤里去蹚水，笑亨德森夫人假装跟躺椅服务员"亲热"，或是笑在女厕所等候的队列。随后给家人买礼物，喝一大杯肉茶，回家的路上还要停下来喝点东西……当司机驾车载着友好的、闷热的、唱着歌的小团体回到小镇时，他非常清楚人们对他的期望，就他而言，他得到了一大笔小费，这些小费是在小镇旅途最后几英里（1 英里 ≈ 1.609 千米）的路上收到的。

（1990：147-148）

霍加特认为，鉴于这些活动的意义模式，因而可以像解读文本一样解读它们。他提出了三个重要的观点。第一，这是工人阶级自创的文化；第二，它因而是工人阶级共有的文化；第三，它是表达工人阶级价值观和经验的文化——它被用来明确表达工人阶级的实质。我们可以补充一点，即消费显然与这三点密不可分。

同样，文化工业为工人阶级生产的大众文化和工人阶级从大众文化的文本和实践中生产出来的工人阶级文化之间有着明显的区别。海边度假胜地的常规设施，不应与人们在海边做的事情相混淆，也不应与他们从可供消费的东西中获得的事物相混淆（见表 7.2）。

表 7.2　在海边：大众文化与工人阶级文化

大众文化（由文化工业为大众生产）	工人阶级文化（由受大众文化影响的人生产）
海边度假胜地（设施等）	人们在海边所做的事
大众文化	工人阶级文化

霍加特还举了流行歌曲的例子。他为工人阶级的消费和挪用行为辩护，这些行为很快会成为伯明翰及其他地方文化研究项目的核心。他认为，"无论叮砰巷①（Tin Pan Alley）如何宣传它们"（1990：159），只有当它们能被用来满足工人阶级受众的情感要求时，歌曲才能获得成功。尽管这些歌曲是文化工业的产物，但有些歌曲被转变为工人阶级文化的一部分。例如，他将《舞会结束后》描述为"一首被人们接受的商业歌曲，不过他们是按照自己的表达方式接受的，所以这首歌对他们来说并不像原本那样糟糕"（1990：162）。他在《识字的用途》的第一部分中对大众文化和工人阶级文化所做的区分对文化研究的建立至关重要，消费的过程是他论点的核心。因此，我们可以在表 7.3 中加上霍加特对工人阶级文化和大众文化的区分。同样，这是葛兰西所说的"折中

---

①　叮砰巷：一条街的名称，位于纽约百老汇大街附近的第 28 街，聚集了大量音乐发行公司，今泛指音乐界。——译者注

平衡"的另一个例子（2019：69）。

表7.3 关键同源性

结构	能动性
创造	环境
融入	反抗
单音调	多音调
使用价值	交换价值
生产	消费
大众文化	工人阶级文化

在典型的文化研究发展史中经常见到这样的描述，即随着文化研究的发展，它迅速超越了霍加特的创始贡献。我想提出一个稍微不同的论点，即对霍加特的超越得益于他的创始贡献。换言之，这种超越是由霍加特已经奠定的基础所促成和鼓励的。迈克尔·格林（Michael Green）提到了他所说的"从霍加特到葛兰西"（1996：49）的转变。这种转变的基础是他所描述的"霍加特非凡而长久的构想"。随后他引用了霍加特的话，

> 我因而选择了相当同质化的工人阶级群体，试图通过描述他们的境况和态度让人们看到他们的生

活氛围和质量。基于这种背景，可以看出大众出版
物广泛传播的吸引力与普遍被接受的态度有多大程
度的关联，它们是如何改变这些态度的，以及它们
是如何遭到反抗的。

（Hoggart，1990：18-19）

格林要表明的（我完全同意这一说法）是，当代文化
研究中心并没有因为葛兰西而抛弃霍加特；这位意大利籍的
马克思主义者的作品更易于融入研究中心的研究，这是因为
那里已经有了《识字的用途》第一部分。因此，当格林写到
从霍加特到葛兰西的转变时，他所描述的现象与其说是更
替，不如说是在基石之上的发展。换言之，我们必须区分
后霍加特（*post*-Hoggart，这涉及超越他）和后**霍加特**（post-
Hoggart，以他的研究为基石）。我的论点是，当葛兰西的作
品被引入当代文化研究中心时，这其中涉及的进展最应当被
描述为后**霍加特**。

阅读乌托邦小说

接下来的篇章将阐述关于政治和阅读的社会学推论。在
批判性的讨论中，经常会看到这样的主张，即乌托邦小说

（包括反面乌托邦和反乌托邦）是政治性的。虽然我同意并赞同弗雷德里克·詹姆森的坚持，即"政治观点［是］所有阅读行为和阐释行为的绝对视角"（1981：17），但这通常只是针对贝尔托·布莱希特所说的"纸上谈兵"（1980：72）所阐发的批判性见解。我们可以无休止地争论这个或那个文本是政治性的，但除非有人读了它并根据读到的内容采取行动，否则这就是几乎不会干扰到主流权力结构的政治。换句话说，消费是超越文本的政治生产的核心。因此，这里的主要论点是，如果乌托邦小说具有政治性，那么它的根本位置就在阅读活动的社会实践中。与特定的常识、流行的拜物教相反，书并不能改变世界。我们可能会指着《圣经》《古兰经》或《共产党宣言》说，这些书改变了世界，但说这话时，我们真正想表达的意思是这些书的读者做出了改变。因此，要讨论乌托邦小说的政治性，就必须讨论阅读行为和读者。不是作为文本被提及的读者，而是真正的、实际的读者，他们拿起书，按照自己读到的内容采取行动。正如威廉斯在《马克思主义与文学》中指出的那样，意义的生产是"一种实际的物质活动"（1977：34），我将遵循文化研究的优良传统，试图说明阅读乌托邦小说如何使意义变得物质化、社会化，从而可用于政治。

生产性和文本性一直是大多数乌托邦小说研究的主要关

注点。这类研究假设意义是由作者生产并包含在文本中的。读者的作用是尽可能准确地接受这种意义。重要的读者只有作家、评论家和学者。在这类观点中，文本的物质性与文本的意义相混淆。尽管文本的物质性限制了它被阅读的方式，但它除了被阅读没有其他意义。当然，在没有读者的情况下，文本可以完好地存在于其全部物质性之中，但要生产意义，文本必须被读者阅读。我们应该将之视为物质性和意义之间的差异。正如厄休拉·勒古恩（Ursula K. Le Guin）所指出的，"未被阅读的故事不是故事，而是纸张上的小黑印。只有读者读了它，它才有了生命"（引用于 Willis，2018：2）。这与马克思关于消费的观点非常相似："产品只能在消费中获得最后的加工……例如，衣服只有在被穿着的时候才能成为真正的衣服，无人居住的房子实际上并非真正的房子。换句话说，产品与纯粹的自然客体不同，它只能在消费中证明自己确实成了产品"（1976b：19）。这是物质客体和在消费行为中被赋予意义的客体之间的区别。要理解意义的生产活动，我们必须充分区分文本的物质性和文本的意义。前者由作者撰写并由出版社发行，而后者由读者在阅读活动的社会实践中创造。[4] 前者是生产对象，后者只在消费行为中出现。当我买了一本玛姬·皮尔西（Marge Piercy）的《时间边缘的女人》时，我带回家的是物质客体。只有当我坐下来阅读时，才开始从书的物质性中生产出意义。这并不意味着意义是主观事件，并导向这样一种主张，即可以将任何意义主观地强加给文本。尽管我们接触文本时怀着预先就有的观念，但我们总是会遇到文本本身的物质性——特定的单词以特定的方式排列，这让读者能够识别出杰克·伦敦（Jack London）的《铁靴》和奥克塔维娅·E.巴特勒（Octavia E. Butler）的《播种者的寓言》之间的区别。对文本的理解因而总是一个过程，在这个过程中，预先就有的观念会被文本的物质性所挑战（也许会被修改）。作者可能有意图，文本当然也有物质结构，但意义从来都不仅仅是激活文本中已经存在的东西。意义是在消费中、在文本和读者之间的互动中产生的，在两者的相遇之外便无法被定义。这就像一场问答对话：我们对文本提出问题，但如果要达成令人满意的理解，我们必须始终向文本针对我们提出的问题给出的答案持开放态度。文本和读者都为这场相遇代入了一些东西。此外，政治和意义的创造是不可分割的。因此，创造出的意义对理解乌托邦小说的政治性至关重要。

格雷戈里·克雷斯（Gregory Claeys）声称，通过了解乔治·奥威尔（George Orwell）的意图，他明白了《1984》的含义。他甚至抱怨伊萨克·多伊彻（Isaac Deutscher）对意向性的拒绝。正如他所解释的，"多伊彻断言'可以在不考虑作者意图的情况下，阅读像《1984》这样的书'（2018：35），但这种论断毫无用处"。克雷斯似乎认为奥威尔的意图决定并保证了小说的意义。看来他不知道其实可以在不考虑作者意图的情况下阅读作品。蒂莫西·利里（Timothy Leary）曾评价过阿道司·赫胥黎（Aldous Huxley）的乌托邦小说《岛》，"这是一本伟大的书。它将成为更伟大的书"（1993：255）。他从来没有详细阐述过这话的意义。他本可以简单地重复那句陈词滥调，即伟大的书会随着时间的推移而变得更好，但我认为他在谈论反主流文化对麦角酸二乙基酰胺[①]（lysergic acid diethylamide，LSD）的使用将如何孕育一种特殊的阅读方式（参阅 Storey，2019）。小说本身不会改变，但阅读的语境会改变，这反过来会改变阅读的方式。乔安娜·拉斯（Joanna Russ）曾被她的同事埃莉·布尔金（Elly Bulkin）指责不够关注有色人种女作家。作为回应，拉斯读了佐拉·尼尔·赫斯顿（Zora Neale Hurston）的《他们眼望上苍》。她最初的反应不怎么正面。她发现这本书"单薄""情节松散"，"明显比不上伟大的西方文学正统"（Russ；引用于 Willis，2018：114）。然而，在阅读了更多有色人种女性

---

① 麦角酸二乙基酰胺：强烈的半人工致幻剂，赫胥黎曾写过一本关于迷幻药的书《知觉之门》。——译者注

的文学作品和黑人文学批评的范例后，她又重读了赫斯顿的小说。"令人惊讶的是，在此期间，这本书有了如此大的改善"（出处同上）。它不再显得"单薄"和"情节松散"（或是她重新评估了她之前对这些术语的理解）。改变的当然不是赫斯特的小说，而是罗斯阅读小说的语境。正是她向小说代入的东西改变了她的阅读方式。因此，了解作者的意图很难让我们知道阅读乌托邦小说的政治结果。读者向文本代入的东西远比作者的意图重要。当阅读的社会实践生产出意义时，不满和欲望、期望和预期就会涌入文本的物质性中。我们的阅读方式随着阅读语境的变化而变化。鲁斯·列维塔斯（Ruth Levitas）关于阅读和重读的说法很能说明问题，"我最早在 20 世纪 60 年代末读了《岛》。当我在 2012 年重读这本书时，也就是在它出版 50 年之后，它似乎没有那么有感染力了。我震惊于这本书的性别歧视、厌女症和恐同症，而我最开始完全没有注意到这些"（2014：260）。我不确定她最开始阅读赫胥黎小说的语境，但当我在 20 世纪 70 年代初第一次阅读赫胥黎的小说时，我把它当成"关于迷幻药的书"来阅读，同时还在读《知觉之门》和赫尔曼·黑塞（Herman Hesse）的大部分作品。为了写《消费乌托邦》（Storey，2021b），重读赫胥黎的书确实给我带来了非常与众不同的体验。

当谈及意义时，语境几乎就是一切。意义永远都只是部分的，始终是历史性的，而且是必须被创造的东西——事物本身并没有意义。客体沉默不语。意义总是被创造的。所以，当有人告诉你，"这就是它的意义"时，要始终根据谁、为了什么、什么时候来进行批判性思考。语境是历史上构成的一系列话语（参阅第一章中对话语的讨论），它们使能并限制文本可能被赋予的意义。"语境"一词于 15 世纪末进入英语。它源自拉丁语单词"contextus"，意味着连接在一起，以及"contextere"，意味着编织在一起。因此，语境在某种程度上总是由读者生产的，它由其他文本组成，这些文本与所讨论的文本交织在一起，从而生产出意义。尽管特定文本的意义是文本和读者共同创造的产物，并且在两者相遇之前并不存在，但读者已知的文本的其他意义可能会影响其对文本的阅读方式。然而，我们不应该把语境仅仅看作与其他文本相连接的文本。当我们试图理解文本时，我们总是会向它代入一系列预设，这些预设为我们的分析提供了框架。当它们围绕着要分析的文本被编织起来时，它们帮助构建了我们理解文本的特定语境。因此，在这些方面，语境既是文本的伴随文本（co-text，我们代入特定文本的文本），也是读者向文本代入的预设（我们围绕特定文本编织观念以理解该文本）。前者是对所涉及的文本的扩展，后者有助于构建对文本的全新理解。换言之，这不过是在说文本本身没有意义，意义是读者在特定的语境下，基于特定的物质性创造出来的东西。换句话说，没有"文本本身"不受语境和读者活动的干扰：文本总是在与其他文本的联系中被阅读和理解。但语境只是暂时固定意义，随着语境的变化，意义也在变化。然而，有时语境被用来支撑有关固定不变的意义的主张，这些固定不变的意义是由作者的意图所保证的。在这种主张中，创作的时刻被认为是小说的唯一语境。同样，当克雷斯声称对《1984》"非历史性和非语境化"的解读"通常会对奥威尔的意图和文本的目的得出相当可悲的结论"（2018：424）时，我们也看到了这种主张。克雷斯似乎认为，创作的时刻是唯一可以确定小说意义的语境。

露西·萨吉森（Lucy Sargisson）似乎也认为文本的意义可以被作者和特定的历史语境所固定。她说，要理解乌托邦，"我们需要了解它的语境。乌托邦源于对当下的不满。而且，如果不了解作者的写作意图和与她或他同时代的读者的面貌，我们就无法理解他们对更美好未来的想象"（2011：42）。但只有当我们的唯一目的是了解最初的创作时刻时，这番言论才恰如其分。如果想知道同时代读者如何阅读托马斯·莫尔、威廉·莫里斯（William Morris）、厄休拉·勒古恩或夏洛特·珀金斯·吉尔曼（Charlotte Perkins Gilman），那么了解最初的创作时刻的作用是有限的。此外，对于吉尔曼来说，我们不得不在至少两个历史语境之间做出抉择：1915 年《她的国》在《先驱者》杂志上发表，以及 1979 年该书由妇女出版社（Women's Press）出版。许多人会争辩说，第二个历史语境才是最重要的。虽然了解创作的时刻很重要，但它并不能固定小说的意义。它可能有助于确定作者对自己所写文字的认知，或者最初的读者对自己所读之物的认知，但当小说被其他读者在其他语境下阅读时，了解创作时刻对讨论该小说可能包含的意义以及可能产生的政治影响所起到的作用就微乎其微了。安洁莉卡·巴默（Angelika Bammer）在谈及 20 世纪 70 年代的女权主义乌托邦时写道，"只有将这些女权主义文本置于语境中，即从历史上看，才能理解它"（1991：63）。她接着说道，"她们的乌托邦主义也是如此。为了看到，更不用说理解，特定文本的乌托邦维度，人们必须怀有历史设定感，那在这种设定的对立面上，便能投射出一种替代方案"（1991：63）。如果说我们试图理解处于特定创作时刻的文本，那么这种说法完全正确。但是，如果我们认为这是理解文本的唯一有效方式，我们就是在犯简化历史的严重错误，就是在主张文本只有唯一的历史语境。

意义不是由历史性的创造时刻或作者的意图所固定的，它是在川流不息的历史性阅读时刻中被创造并被重塑的。不是说作者一停止写作或最初的读者一放下这本书，文本的历史就结束了，意义就永远固定下来了。对文本的消费也有历史，而且正是在它的历史中，不断发展的文本意义才得以确立。意义的生产不是单一的事件，而是伴随着文本历史而发展的连续过程。它可以被用来在许多不同的语境中以许多不同的方式表达意义，并且这个过程在文本持续不断的历史发展中永不止息。同样，《她的国》就是很好的例子。当这部小说于 1915 年首次在杂志上发表时，它的读者很少，但在 1979 年由妇女出版社出版后，它很快就成为女权主义乌托邦研究的重要文本。此外，它仍然是重要的学术文本，如今也是许多大学课程的必读书目。这种将其限定在最初的创作时刻的想法所包含的价值观非常可疑。我们必须重点关注消费的持续历史时刻。尽管阅读从不会发生在历史语境之外，但阅读并不局限于文本创作的时刻。当文本由于语境和政治关切发生变化而产生不同的解读方式时，那就会有许多其他的消费时刻，伴随着其他的"历史设定"。虽然分析《乌有乡消息》《她的国》如何在特定的历史语境下被创作出来的确很有趣，但我们必须接纳这样一个事实，即当代对这些小说的消费发生在非常不同的语境下。此外，这些消费的语境与创作的最初语境一样具有历史意义。从历史上思考文本并不意味着简单地将它们"单一音调"地固定在最初的创作时刻。要想进行真正的历史性思考，我们必须认识到，包含着意义创造的消费，其自身的每一刻都是历史性的。换句话说，生产和消费都是历史性的，如果我们无法认识到这一点，就会在批判性分析中强加一种奇怪的历史观，这种历史观让我们永远无法充分理解围绕文本意义发生的重要斗争。因此，从政治角度来看，最重要的不只是小说在创作时刻所表达的意义，还包括在持续不断的消费时刻中被用来表达的意义。正是这种围绕意义展开的持续不断的"多音调"斗争，才应该成为我们与各类文本进行批判性接触时的重点（Storey，2021a；Volosinov，1973）。此外，根据这里所表明的论点来看，乌托邦小说的政治性只有一个语境，那就是它被阅读时的语境。从政治角度来看，重要的不是文本的意义（重返其最初的创作时刻或作者的意图），而是在当代社会的阅读实践中被用来表达的意义。

　　意义的创造始终是文本的物质性与特定语境下阅读活动的社会实践的结合体。勒古恩这样解释道："当你逐字逐页阅读［一本书］时，你就参与了创作，就像大提琴手演奏巴赫组曲一样，他逐个音符地参与了音乐的创作、生成和存留。于是，当你反复阅读这本书时，它当然也参与了你、你的思想和感受的创造"（引用于 Ruppert，1986：146）。阅读是一种物质活动，而不是被动地接受文本的物质性。尽管读者确实生产了意义，但他们并不是凭空生产的——他们受到文本物质性的使能和限制。套用马克思（1977）关于历史创造的论述，读者创造了意义，但他们并不是随心所欲地创造。他们不是在自己选择的环境中，而是在直接碰到的、给定的和从过去继承下来的环境中创造意义，这种环境就包括纸张上文字的物质性。阅读是在文本性和历史的"环境"中开展的"创造"。读者与文本之间的关系是动态的、交互的。文本和读者的话语生产了在阅读之前并不存在的话语。这之中的部分话语可能成为政治的可能性。如果政治是权力的游戏，那么"乌托邦小说的政治性"一词必然是指阅读如何促成政治行动，而且很容易理解的是，没有读者，它就无法搞政治。我们必须区分政治和文本政治（参阅 Storey，2021b）。

乌托邦小说在两个不同的经济体中传播，一个关注交换价值，另一个关注使用价值。在考察乌托邦小说时，这两种经济体都有重要意义，但如果我们的核心关切是政治，那么只有使用价值的经济体才能让我们了解政治上可能发生的事情。在第一种经济体中，书籍是作为商品出售给读者的。在第二种经济体中，有可能存在对商品形式的抵制：如果读者购买书，然后阅读它们，就会生产出意义，而正是在意义的生产中，政治的可能性才显现出来。但是，在实际消费之前，当然无法得知商品的使用价值，即使它是一本书。如果在阅读的社会行为之前无法知道意义，那么再多的文本分析，无论多么复杂巧妙和令人信服，都无法预测文本将如何被消费，以及消费可能产生的后果，这对我们称之为乌托邦小说的政治性来说也适用。简单来说，正是读者阅读乌托邦小说的方式使这种政治成为可能。正如《水晶时代》的叙述者所坚持的那样，书可能不会"默默地感激自己被阅读"（Hudson，2013：16），但除非被阅读，否则它们就不可能产生意义，并且如果没有意义产生，那么文本的文字和读者的行动之间就不可能有政治关联，当然无法保证阅读会以这种方式发挥作用。但除非我们使阅读成为自己的一部分，否则绝对不可能出现"政治"。因此，谈论乌托邦小说的政治性却不谈阅读的实践和阅读结果，就是在高度抽象的层面上进行讨论，几乎毫无意义。

除非文本被阅读，否则将其描述为政治文本的意义非常有限。正是读者对文本的理解开启了政治的可能性。他们如何将文本纳入与他人的互动中，他们如何谈论它，以及他们如何利用它来谈论其他事情——正是在这些行动之中，乌托邦小说的政治性才可能会显现。在文本与读者的相遇之外，没有任何政治性可以通过文本分析被揭示出来。根本不可能在阅读活动的社会实践之前就知晓其政治影响。所有其他关于政治性的主张都是抽象的、纯粹的猜测。简单来说，与文学批评中的许多"常识"相反，没有读者，这种政治影响就不可能产生。乌托邦小说的政治性不在文本中，而是在文本的阅读体验所产生的事后效应中。这既需要文本，也需要读者：文本和读者在失调和陌生化（defamiliarization）的互动性和生产性的关系中结合起来，在这种关系中，对未来的想象截然不同，当下的情况不再是不可避免的，而是历史性的，也因而是可变的。乌托邦小说的政治性只能存在于在阅读过程中产生的颠覆性影响。如果这样的阅读不能打破不言自明的、固有的和不可避免的东西，那就很难了解乌托邦小说的政治性到底有什么意义。正如我在其他地方讨论的那样（Storey，2021b），乌托邦小说总是围绕着两种共同体之间的隐含或明确的对话构建起来，即不存在的地方①（nowhere）和形成故事动因的某个地方②。小说邀请读者在这种对话中选定立场。然而除非作者和读者所面对的两种共同体完全一致——随着时间的推移，这种情况的可能性将越变越小——

---

① 不存在的地方："Utopia"（乌托邦）实际上是托马斯·莫尔用希腊文"ou-topos"（不存在的地方），以及"eu-topos"（好地方）构造出来的词。因此，此处的"nowhere"指的就是乌托邦。——译者注
② 即与乌托邦相对的地方，通常是小说作者眼中糟糕的现状。——译者注

事实上总会有第三种共同体。也就是说，读者的生存环境在不断变化，而且很可能终究会取代形成故事动因的共同体，成为不存在的地方的主要对照组。对这种两方和三方对话的积极参与，促使读者将他们周围的世界——乌托邦小说阅读所涉及的第三种共同体——视为历史性的，也因而是可变的。

阅读能引发政治的社会实践吗？这是个很难回答的问题。但如果我们相信政治不仅是物质环境的反映，而且这种环境是由意义的创造来中介的，那我们为什么不把阅读乌托邦小说视为可能会引发政治行动的根源呢？政治上的梦想并不是某种逃避现实的无望方式，而是对自满和共谋的挑战。它可以挑战这样一种观点，即此情此景是人类处境下不可避免的结果。希望可以使我们从当下的束缚中挣脱出来。保守派基督徒约翰·麦奎利（John Macquarrie）认为这会让该宗教的开创者及其最初的追随者感到困惑，担忧希望在未来的着重点，而这可能会助长"不切实际和乌托邦式的希望"（引用于 Eagleton，2017：69）。不过正如我在其他地方所说的那样，这是因为我们所说的现实并非不可避免（Storey，2019），而对现实的定义正是霸权运作的根基。也许，最著名的乌托邦涂鸦就是 1968 年 5 月在巴黎的墙上写下的标语，即 "Soyez Realistes, Demandez L'impossible"（务实点吧，求

取不可能之事）。它表明了现实构建并中介了我们对真实的
体验。它还表明，以传统的方式务实会让我们与现实串通一
气，而这种现实只是为了当权者的利益而构建的版本。因
此，为了逃避现实的压迫性建构，我们必须以不同的方式务
实，求取这种压迫性现实所认为的坚决不可能的事，而这样
做就打破了我们与它的共谋。如果我们所做所想的事大部分
都是由习惯塑造的，那么阅读乌托邦小说可以促使我们认真
看待可能性的潜力。它可以为我们提供充满希望的语言，而
这种语言反过来又可以使我们表达对比现在更好的未来的渴
望。没有希望，就很难采取行动。希望就是感到某事有可能
性。但我指的乐观主义并不是那种认为事情总会变好的肤浅
观点，而是一种激进的乐观主义，即一股维护希望的力量，
希望人类的集体行动可以让状况变得更好。

但我们不应该对乌托邦小说抱有太多期望。它虽然可
以在政治中发挥作用，但就其本身而言，它不可能是政治性
的。没有读者，它就不可能有多大的政治意义。书架上的书
不会掀起革命，人们却能掀起革命，对一些人来说，正是阅
读将他们带入到斗争之中。戴安娜·格里芬·克劳德（Diane
Griffin Crowder）描绘了在 20 世纪 70 年代阅读乌托邦小说时
的情景，这为其运作方式提供了一些证据：

我买下并阅读了所有我能弄到的乌托邦作品，
对其中大多数作品我都有强烈的情感反应。这些小
说虚构地表达了我对每日所见的权力滥用的愤怒，
但我自知无力阻止这种权力滥用……我可以花上几
个小时想象自己身处这些乌托邦世界，然后带着一
丝希望离开，即尽管日报上有让人泄气的证据，但
我们其实可以创造一个更美好的世界。

（引用于 Beaumont，2009：87）

马修·博蒙特（Matthew Beaumont）认为这就是他所说
的"个体意识"（individual consciousness）的例子，他声称
"乌托邦小说仍然不可避免地被锚定在写作和阅读的房间里"
（Beaumont，2009：89）。但为什么会是这种情况呢？如果我
们认为"物质条件"本身可以引发社会变革，那么乌托邦主
义只不过是在幻想中逃避现实。但这是在马克思之前的"唯
物主义"观点，这当然不是"历史性的"。[5]正如葛兰西所
说，"可以排除眼前的经济危机本身会孕育根本性历史事件的
可能性，这些危机只能创造出更有利于传播特定思维模式的
形势，以及提出并解决有关整个国家后续发展问题的特定方
法"（1971：184）。物质条件并不能决定变革的条件，社会
变革总是由客观因素和主观因素共同驱动的。所以文化，包

括乌托邦主义，在政治上具有重要意义。克劳德的描绘只是一种情景刻画，但它表明了阅读乌托邦小说如何在政治上发挥作用。此外，我们不应该忽视她最后一句话的重要意义，这是她阅读后产生的事后效应，"但我们其实可以创造一个更美好的世界"。

在玛格丽特·阿特伍德（Margaret Atwood）凭借《使女的故事》的续篇《证言》赢得布克奖[①]后，她接受了英国第四频道新闻的采访（2019 年 10 月 15 日），她在谈到反面乌托邦小说时说道："未来有很多可能性……关于未来的反面乌托邦小说所致力的就是说，这里有一张房子的蓝图。这是你想住的地方吗？这就是你想要生活于其中的世界吗？如果你不想生活在这个世界上，那就另辟蹊径吧。"《使女的故事》的许多读者已经开始走上这条路。[6] 2017 年 1 月 21 日，也就是特朗普总统就职典礼的第二天，华盛顿特区爆发了女性大游行。游行中的许多女性明确提及了这部小说。这种提及有两种特殊形式：一种是打扮成基列使女[②]，另一种是举着与本书相关的标语牌。自游行以来，打扮成使女的女性已成了某

---

① 布克奖：当代英语小说界的最高奖项，也是世界文坛上影响最大的文学奖之一。——译者注
② 基列使女：指在虚构的基列共和国中繁衍人类的女性。——译者注

种国际抗议的标志，尤其是在生殖权和堕胎问题上。通过这种方式，并且在奥西曼迭斯效应（Ozymandias effect）的特定变体中（参阅 Storey，2021b），当女性打扮成使女以传达双重意义时，反面乌托邦被彻底转变成乌托邦：通过指向虚构的未来，从而揭示当前的问题，并且在现实性与可能性之间的断裂中，她们开始通过消费行为来陌生化人为制造的必然性和此情此景无望的不可避免性，让人相信另一种世界是有可能的。

注释

1 威廉斯同样关心第六章中所讨论的许多问题，他还写到"受限的日常现实的再生产"（2010：175）和"规范形式和观念的压力"（1965：10），并解释说"作为个人，我们所有人都在社会中，在社会规则中长大，而这些规则铭刻得很深，它包括看待世界的特定方式，特定的谈论世界的方式。一直以来，人们都是被生到社会之中的，并被教导该看什么，该如何谈论它"（1989：21–22）。

2 例如，客观上被压迫很少能激起反抗，我们必须先认识到从属地位是压迫。

3 霍加特的书分为两个不同的部分。不幸的是，第二部分在第一部分试图质疑的事情上毫无益处。

4 当然，文本最初的读者总是它的作者。正如大多数作者所知，只有当他们读到自己所写的东西时，他们才开始意识到它的意义。文本不仅是从写作中显现出来的，而且是从持续不断的阅读和重读过程中显现出来的。

5　一旦历史性被添加到唯物主义中，就会将唯物主义从固定的、暗藏意义的理念转变成可以变化并清晰表达的理念。

6　与阿特伍德的观点相反，乌托邦小说之所以具有政治性，并不是因为它指向了未来的解决方案（"蓝图"），而是因为它让读者能够识别当下的问题（"激进乌托邦主义"）。

后记
反消费

正如我希望先前七章已经证明过的那样，消费是重要而复杂的社会学概念。它指向了人们的行为，资本主义需要的行为，以及批判性思考人类的能动性、使用行为和意义的方式。在这本简短的书中，还有很多事情没有讨论过，但在剩下的篇幅里，我将简要概述四个反消费话语的例子。[1]第一个围绕着消费是病理现象的观点组织起来，第二个主张回归"简朴"，第三个和第四个具有明显的"政治性"，试图建立组织以反对消费主义。

"富裕病"（affluenza）一词由富裕（affluence）和流行性感冒（influenza）组合而成，它表明消费主义是一种病理现象，一种个人的慢性疾病，这些个人在奋力"攀比"的同时，陷入越来越深的不幸之中（Hamilton and Dennis，2005；James，2007）。虽然"幸福"研究（参阅 Layard，2011）正确地指出，不是只有消费才能保证生活质量，购物疗法可能根本不是合适的治疗方法，但草率地认为个人消费是问题所在，停止过度消费会让我们更快乐，只是在回避不平等和权力问题。[2] 要人们停止购买东西，而是去海滩散步或与朋友共度夜晚，这话说得倒是容易，像是这些活动不涉及消费一样。实际上它们需要交通、衣服、食物和饮料，并且这些"简单"的活动本身就受到不平等和权力的支配。如果消费主义被内在的贪婪冲动所驱使——人们天生就贪婪——那为什么这种冲动只在资本主义生产模式下显现出来？尽管人们确实一直在消费，但消费主义并不是一直都有的。因此，对个人贪欲的关注并不能解释消费主义，应该从其他地方寻求解释。首先应当给它取个恰当的名字，即资本主义式消费主义。

自求简朴运动主张减少消费，这是其更为广泛的战略的一部分，该战略声称"我们可以减少工作，减少需求，减少开支，并在这个过程中感到更幸福"（Linda Breen Pierce；引用于 Maniates，2002：199）。该运动的呼吁有着不同的名字：放慢节奏、缩减开支或是极简。正如迈克尔·曼尼特斯（Michael Maniates）所问，这是"旨在打击消费资本主义要害的颠覆性尝试吗？还是无关紧要的受到媒体过多关注的亚文化？"（2002：202）。虽然可以声称我们选择了更高的消费力而不是减少工作时间，但我们必须谨慎评估这里的代词包括哪些人。简单来说，在减少工作时间或是减少消费的决定上，大多数人并没有发言权。除非减少购买与减少工作相适应，否则消费的减少将导致失业率上升。这不是个人所能决定的，而是需要通过大规模和根本性的结构变革来解决的问题。

简朴生活和放慢节奏往往是富人追求的做法。正如乔·利特勒（Jo Littler）所指出的，"刻意缩减消费的做法的其中一个问题是，从定义上讲，这起初就是那些拥有足够资源和文化资本的人才能做出的选择。穷人可能处于消费不足的状况，但这很少是出于主动选择。"（2009：107）曼尼特斯引用了简化生活方式的12种方法：

1. 避免购物；2. 把车留在停车点；3. 住好点的街区（这样你就可以步行去商店，而且乘坐公共交通很方便）；4. 不打理草坪；5. 少洗衣服；6. 拦截垃圾邮件；7. 关掉电视；8. 用电子邮件发信息；9. 不要用手机；10. 喝水而不要喝商店里买来的饮料；11. 去公共图书馆；12. 控制你的家庭规模。

（引用于 Maniates，2002：211）

先不说这些建议对全世界数十亿由于非自愿原因而消费不足的人来说是多么傲慢无礼，它们的许多假设，尤其是有关社会阶级的假设，使它在富裕的西方社会同样是有问题的。难道每个人都能轻松选择住不住好点的街区吗？

广告克星媒体基金会（Adbusters Media Foundation）是卡勒·拉森（Kalle Lasn）于1989年创立的反消费主义组织，总部位于加拿大，活跃范围遍布全球。该基金会将自己视为战斗中的革命者，"这场信息游击战，不在高空中或是街道上……而是位于报纸、杂志、广播、电视和网络空间"（引用于Bordwell，2002：250）。这场战争的主要武器是"文化干扰"的行动。蒂姆·乔丹（Tim Jordan）将其定义为"试图扭转和违反文化法则规定的意义，而这种文化法则的主要目的是说服我们购买某物或是成为某种人"（2002：102）。战争的目的是将人类意识从资本主义式消费主义的幻想世界中解放出来。正如里克·波伊纳（Rick Poyner）所说，"广告有权占领街道的物质环境，并承担精神环境的主要塑造者的责任，这一点被视为理所当然。没有官方认可的其他公开竞争手段与之争夺路人的思想、信仰、幻想和欲望，除了街道上的其他广告"（引用于Bordwell，2002：238）。

该基金会发行了名为《广告克星》的杂志，运营了网站，组织了一些活动，如无购物日、关掉电视周、世界无车日、不买东西的圣诞节，并制作了它所说的"反转广告"和"非商业广告"。

我可以开诚布公地说，我们大多数人都陷入了

媒体消费的恍惚状态。我们基本上每天晚上都坐在
电视机前，吸收有关消费的信息……然后在周六早
上，我们跳上车，冲向商场，完全按照这些广告的
指示行事。我认为我们大多数人都过着盲目消费的
生活。我认为我们是傻瓜。

（Kalle Lasn，2006 年接受金·汉弗莱采访时所说；
引用于 Humphrey，2010：89；另请参阅 Lasn，1999）

尽管拉森使用代词"我们"时很谨慎，但显而易见的
是，他并没有真正把自己囊括在这个集体中——人们"过着
盲目消费的生活"。他没有像僵尸一样去商场购买被指示要
买的东西，而是组织了"无购物日"，并制作了"反转广告"
和"非商业广告"（参阅 Lasn，1999）。这是进步的少数人在
被操纵的多数人中进行抗争的先锋政治。

许多反消费的辞藻本应对资本主义式消费主义进行批
判，却经常迷失在个人消费行为的道德争论中。指责个人消
费者将真正的需求与可笑的欲望混为一谈，而这就陷入了有
独立主权的消费者驱动经济生活的新自由主义幻想之中。在
这样的批判中，资本主义所犯的罪只不过是试图满足需求。
但在我们将资本主义式消费主义定义为道德问题，并开始将
其出现归咎于消费者之前，我们应该提醒自己，消费是资本

主义的根基。许多反消费的立场往往忽视了资本主义依赖于消费的这个事实。没有消费，生产活动就会停止，利润的流动也会停止。消费主义正是这种需求的意识形态。[3] 虽然资本主义日益高涨的增长需求确实是问题，但将其归咎于个人消费者充其量只是规避问题的政治行径，从中产生的分析既天真又与权力同谋。它通常只是以可疑的心理学为基础的道德主义，以及无望地沉溺于各种形式的自救的解决方案。

尽管通常来说，消费确实需要保持在可持续的限度内，以减轻地球及其资源的压力，但我们不应忽视这样一个事实，即当代消费的不平等程度令人难以置信。简单来说，富人需要减少消费，穷人需要增加消费。这在改良后的资本主义中不无可能。尽管很难精确具体数值，但曼尼特斯估计约有 10 亿人过度消费，40 亿人消费不足（2002：206）。据估计，世界上最富有的 20% 人口的支出大约占全球个人总支出的 85%（Humphrey，2010：6）。当我们将这些数字与分配极不平等的全球财富对照着看时，就会发现这并不出人意料。据估计，世界上最富有的 62 个人拥有的财富与最贫穷的 36 亿人拥有的财富一样多，而最富有的 1% 人口（约有 7300 万人）拥有的财富相当于剩下的 99% 人口（73 亿）所拥有财富的总和。[4] 只是对可持续性和个人消费进行道德说教，而忽视消费的巨大不平等，就是在推动资本主义很愿意支持的政治活动。道德主义倾向于从绝对确定的崇高立场发出谴责。当然，这样的立场从未真正存在过。

正如我希望从迄今为止的讨论中可以明显看出的那样，这些形式的反消费都没有带领我们超越作为重要社会学概念的消费或我们所讨论的将消费解释为社会实践的理论框架。最后一个例子应该能清楚地表明这一点，即劳拉·波特曼–斯塔瑟（Laura Portman-Stacer）针对一群美国无政府主义者的反消费模式做出的精彩论述。与所有社会身份一样，无政府主义也是由消费形式支撑的，从而构建起承担政治化身份的意义。与消费一样，反消费既是物质性的，也是话语性的，它是有关所完成之事的行动和表达。尽管它代表着对主流消费的拒斥，但它并不是一种不存在消费的生活方式。因此，我们不应将反消费视为对消费的拒斥。正如我们在第二章中指出的，这种拒斥是不可能的。虽然她采访的无政府主义者确实正试着寻找"资本主义交换的替代方案"（2012：93），但这并不意味着他们不消费。他们正在试图找到他们所认为的主流消费的替代方案。因此，例如，当汽车不被接受时，公共交通和自行车作为交通方式的替代方案被消费。正是通过拒绝和替代的这种结合，作为消费模式的无政府主义才在自身和主流社会之中显现出来。选择式消费至少有三个目的：拒绝给资本主义付出金钱，资本主义正是他们想要摧毁的制度；向有共同政治立场的人传达认同感并与他们团结一致；在戏剧化展示资本主义替代方案的过程中上演预兆性政治（prefigurative politics）。

按照我们在第三章中遇到的"需求"和"欲求"之间的区别，波特曼–斯塔瑟采访的无政府主义者将消费分为两类，即需要避免的消费和印证反资本主义身份的消费。然而，她所说的"炫耀性反消费"（2012：99）也可以用前面讨论过的术语精准地描述，如"炫耀性消费"或"社会区隔"的制造和"文化资本"或"二次生产"或"操演性"。因此，看起来站在消费对立面的东西实际上应当被视为非常特殊的消费形式，而且可以使用前面论述过的理论来考察它，以探讨更主流的消费形式。

对于她采访的无政府主义者来说，"在批判性视角之下，需求与奢侈品被区分开来。该视角认为大多数消费者渴望成为虚假意识的俘虏，而这种虚假意识由企业催生，目的是刺激无节制的物质贪欲"（2012：90）。但是，虚假意识是考察消费的有效方法吗？马克思指出，消费的扩张是矛盾的。一方面，它有助于资本主义的再生产，而另一方面，它增强了工人想要更多消费品的欲望。正是这些日益增强的欲望催生了他所说的"文明时刻"（1973：287）。为了消费，工人需要工资；为了消费更多，他或她需要更高的工资。通过这种方式，刺激消费者膨胀的欲望既稳固又威胁了制度的基础。也就是说，通过催生更多需求和鼓动更多欲望，该系统"教育"消费者欲求更多消费品，而这有可能会导致需求超过资本主义生产力的后果。换言之，资本主义可能会助长消费欲望，以至于超出它所能兑现的程度：在这种时刻，该制度可能要应对"掘墓人"（Marx and Engels，1998：24）的挑战。此刻首先要问的问题就是，这究竟是掘墓人革命性的行动，还是资本主义成功将地球变成墓地的尝试？是我们埋葬了制度，还是制度埋葬了我们？

像所有的书一样，这本书依旧未完待续。现在，读者该在自己的阅读过程中，把在本书中收获的东西带到自己的产出中，无论是书面上的还是口头上的，并开始持续不断的完善工作。

注释

1　消费主义并非没有合乎道德的替代方案：公平贸易、回收利用、消费抵制、绿色购物和购买支持。关于合乎道德的消费行为的精彩叙述，请参阅利特勒（2016）。在汉弗莱（2010）和利特勒（2009）的著作中，可以找到两个很有趣的关于反消费的叙述。

2　正如金·汉弗莱所指出的，"西方国家的主观幸福水平并不会随着收入的增加而上升，但也不会显著下降。随着时间的推移，幸福感往往保持在一定水平上，并且这个水平相对较高。此外，从国际角度来看，与其他国家相比，富裕国家往往表现出较高的平均主观幸福水平。"（2010：146）

3　在广告克星的网站上，你会看到一件 T 恤，它戏仿了第一次世界大战时标志性的征兵海报，上面写着"Your Economy Needs You to Consume"（你的经济需要你消费）的标语。

4　该数据引用于《i》报（2016 年 1 月 18 日）。

参考文献

（扫码查阅。读者邮箱：zkacademy@163.com）